親日を巡る旅

世界で見つけた「日本よ、ありがとう」

小学館

はじめに

百聞は一見にしかず。

自らが現地に足を運んで見聞すれば、歴史の謎が解け、将来が見えてくる。

私はこれまで世界各国・地域を探訪して回ってきた。そして戦後封印されてきた日本の輝かしい近現代史の真実を発掘し続け、自分自身の見聞と体験をもとに過去への再評価を行ってきた。

同時にそれは世界の国々が今後どのように動くのかを予測し、また日本がその国とどのように付き合ってゆくべきかという将来を見通す羅針盤となっている。

世界探訪は実に面白く、そしてまた痛快だ。封印されてきた歴史の真実が発掘され、これまで信じ込んできた歴史認識が次々と覆されてゆくからである。

どうぞみなさんも、こんな疑問をもって世界各地を歩き回っていただきたい。

学校で教わってきたこと、そして報道されていることは本当なのか。日本が外国と深く関わり始めた明治開国以降の近現代において、日本はいったいどんな悪いことをしてきたというのだろうか。本当に世界の国々は日本の戦争を恨み、そして将来の軍事行動を警戒しているのだろうか。

だが実際は逆だった。むしろ世界の国々は、日露戦争はもとより第一次世界大戦、そして大東亜戦争における日本の戦いを賞賛し、とりわけ欧米列強諸国の植民地となっていた国々からは感謝すらされていることに私は衝撃を受け続けてきたのである。

そこで本書では、ミャンマー連邦共和国（ビルマ）、パプアニューギニア独立国のラバウル、カンボジア王国、ポーランド共和国、ソロモン諸島のガダルカナル島、マルタ共和国、フィリピン共和国、フィンランド共和国、パラオ共和国、インドネシア共和国、極東ロシア、そして台湾における知られざる日本との交流秘話と対日観を紹介する。

大東亜戦争の大激戦地であったミャンマー、かつてのビルマの独立は日本軍の支援によるものだった。こうした歴史的連携からミャンマーの人々の対日感情はすこぶるよく、日本軍将兵の墓地や慰霊碑が手厚く守られており、さらに日本の軍歌がいまでもミャンマー軍のマーチとして使われている。

同じくインドネシアの独立にも日本軍が大きく寄与しており、その独立記念日の表記には日本の「皇紀」が使われ、なにより戦後日本で酷評される日本軍による「軍政」がむしろ評価されていた。

これまた大東亜戦争を象徴する激戦地ガダルカナル島では、日本軍将兵の勇戦敢闘ぶりが語り継がれており、なんと子供たちからも称えられていたのである。さらに〝ラバウル航空隊〟で有名なパプアニューギニアのラバウルでは、日本人に対する歓迎ぶりはハンパではなく、この地を訪れれば感涙に頬を濡らさずに帰ることなどできない。

そして大東亜戦争最大の激戦地となったフィリピンでは、この地で生まれた神風特攻隊が称えられ立派な慰霊碑が建立されている。さらに、かのマニラ軍事裁判で処刑された山下奉文大将と本間雅晴中将の最期の地が地元の人々によってしっかりと守り続けられており、このことに驚嘆と感動を覚えぬ日本人はいないだろう。

第一次世界大戦後に日本の委任統治領となったパラオもまたしかり。日米両軍の熾烈《しれつ》な攻防戦が行われたペリリュー島には戦跡が数多く残されており、そして日本軍将兵の勇猛な戦いぶりが地元の人々にいまも語り継がれているのだ。

さらにパラオでは日本語を話すお年寄りが集って花札に興じるなど、そんな人々の日本時代を懐かしむ声に胸を震わせる日本人も少なくなかろう。

第一次世界大戦といえばマルタ共和国を忘れてはならない。

日英同盟に基づいて地中海に派遣された大日本帝国海軍第二特務艦隊の大活躍が連合軍の勝利に大きく貢献したことを果たしてどれほどの日本人が知っているだろうか。日本海軍将兵の勇猛果敢な戦いぶりが世界各国から賞賛されていたという事実などはマルタに足を運ばなければわかるまい。

学校ではほとんど教わることのない第一次世界大戦における日本の活躍――この史実が封印されたのは、日本がイギリス、フランス、アメリカなど連合軍側に立って戦っていたという、第二次世界大戦の戦勝国にとって〝都合の悪い歴史〟だからにほかならない。

残念なことに、ポーランドが欧州一の親日国家であるという事実も日本では知られていない。

日本とポーランド両国の感動秘話は１９０４年の日露戦争にさかのぼる。実は、日露戦争における日本の勝利は日英同盟とポーランド人の協力の賜物だったのだ。

そして第一次世界大戦最中に行われたシベリア出兵時に日本がポーランドの孤児たちを救援したことがいまもポーランドに感謝され続けていることをご存じだろうか。加えて、その後の第二次世界大戦下でも両国は友情を保ち続けていたという驚くべき事実もある。令和元年（２０１９年）に国交樹立１００年を迎えたポーランドの親日感情は腰を抜かしそうなほど感動的なのである。

日露戦争を契機とする親日感情の発芽は北欧の国フィンランドも同じだった。

長くロシアの支配下に置かれたフィンランドにとって極東の島国・日本の戦いに多くを期待したのも当然のことだろう。また日本がフィンランドの独立を支援した知られざる交流の歴史は首都ヘルシンキで確認することができる。

もっとも日露戦争で日本と干戈《かんか》を交えたロシアでも、現代のロシア人が日本軍の武勇を称え、日本への畏敬の念を持っていることには驚かされる。やはり行ってみなければわからないことだらけである。

行ってみなければわからないのは、カンボジアもそうだろう。

長い内戦に苦しんでいたカンボジアの復興に手を差し伸べた日本は、日本初のＰＫＯ（国連平和維持活動）として自衛隊を派遣した。そして自衛隊員らが汗を流して復興支援を行い、引き続いて日本政府がＯＤＡ（政府開発援助）を投入するなどしてカンボジア復興を助けたのだった。

こうしたことへの感謝の気持ちの表意として、カンボジアの紙幣になんと「日の丸」が描かれているのだ。

当時、日本国内では、自衛隊のPKO部隊派遣を巡って無知蒙昧《もうまい》な反対意見が渦巻き、これを偏向メディアが煽り立てた。ところが実際にカンボジアに行ってみると「あの日本国内での騒ぎはなんだったのか」と恥ずかしくなる。まさしく〝井の中の蛙〟という言葉を痛感した次第である。

そしてなんといっても親日国家の王者といえば台湾だろう。

日清戦争後の下関講和条約によって清国から割譲されて日本領となった台湾は、大東亜戦争終結まで半世紀もの日本統治を経験しているが、これまで私は、日本統治時代を批判する声を耳にしたことがなく、むしろ日本統治時代を称賛する声が溢れている。なかでも日本統治下における「教育」は、これを経験した年配者が異口同音に絶賛しており、〝皇民化教育を押し付けられ、日本語を強要された〟などという話を聞いたことがない。それどころか、台湾を統治した歴代の日本人台湾総督は尊敬され、感謝されているのである。

さらに、台湾では日本の軍人や警察官などが神様となって崇められている廟があるのだから腰を抜かしそうになる。

そしてこうした国々は、それぞれの日本との関わりから生まれた対日感情や感謝を忘れることなく現代に引き継いでいる。したがって、正しい歴史を知り現実を理解すれば、その国とどのように付き合っていけばよいかが見えてくるのだ。

本書で紹介するのは数ある親日の事例のほんの一部にすぎない。実のところ世界はそのほとんどが親日であり、〝反日国家〟は中国と朝鮮半島くらいだろう。もっといえば、〝反日国家〟を探す方が難しい。

こうした事実は、近年のインターネットの普及により多くの国民に知られるようになり、著しい偏向報道を続けるメディアや無知蒙昧な政治家たちのウソは瞬時に見破られ、もはや国民に通じなくなっている。

「令和」という新しい時代を迎え、いまこそ先人が築き上げてくれた輝かしい日本の歴史と日本人としての誇りを取り戻そうではないか。

そのためにこそ、どうか世界各地に残された先人の足跡を訪ねていただきたい。きっといい知れぬ感動がこみ上げ、あるいは、あっと驚く新しい発見もあるだろう。

そのとき、日本人としての誇りと自信を取り戻すことができるはずだ。

いまは亡き台湾の愛日家・蔡焜燦《さいこんさん》氏が常に日本人に語り掛けていた「日本人よ、胸を張りなさい！」という言葉の意味が本書をお読みいただければお分かりいただけるだろう。

本書がそんな道案内役になれれば幸いである。

令和元年（2019年）7月吉日

井上和彦

目次

本書は、国際情報誌『SAPIO』の連載「親日を巡る旅」（2017年10月号～2019年1・2月号）の掲載記事を、大幅に加筆・修正したうえで再構成したものです。写真は特別なことわりのないものはすべて著者提供。

装幀・本文DTP／クマガイグラフィックス

第1章 ミャンマー
アウン・サン・スー・チーの父が忘れなかったビルマ独立の恩

日本兵の墓を守り続ける僧侶たち

「オーイ、水島！　いっしょに日本へ帰ろう！」

終戦を迎えて復員を待つ日本兵たちが、山野に散らばる戦友たちを弔うために僧侶となって現地残留を決心した水島上等兵に呼び掛ける、映画『ビルマの竪琴』のクライマックスシーンは感動的だった。

この映画の中で日本兵たちが水島上等兵の奏でる竪琴に合わせて歌う『埴生《はにゅう》の宿』のメロディーはいまも私の胸に響き続け、この曲を聞くたびにミャンマー（ビルマ）のことが頭に浮かぶ。

大東亜戦争で、終戦までに投入された日本軍約30万人のうち、およそ18万人が戦死した

日本刀を持つアウン・サン将軍の銅像。

ヤンゴンの日本人墓地に建立された慰霊碑。映画『ビルマの竪琴』の主人公・水島上等兵のモデルといわれる中村一雄曹長のもの。

ビルマ戦線。この戦いの過酷さは筆紙に尽くせぬものがあった。

なるほど、大東亜戦争末期の兵士たちの戦記を読めばその苦労がよくわかる。

まずもって日本軍と連合軍とでは、物量が雲泥の差であった。

連合軍は、陸路を大型トラックで、また空からは輸送機を使って十分な武器弾薬・食料を補給できたが、日本軍にはおよそ補給は期待できなかった。だが日本軍将兵はこの不利な状況にありながらも至純の愛国心をもって勇猛果敢に戦い続けたのである。

こうして斃《たお》れた兵士たちの亡骸は各地に放置されたままとなったため、いまも日本政府や民間諸団体による遺骨収容が行われている。

そんなミャンマー各地には日本軍将兵

の慰霊碑が建立されているのだ。

かつての首都ヤンゴン（旧ラングーン）にも大きな日本人墓地があり、墓苑内には数多くの慰霊碑が建つ。「戦友と共にここに眠る」と刻まれた慰霊碑、そして「父よ　ありがとう　安らかに」と刻まれた、息子からこの地で亡くなった父親への慰霊碑の言葉が胸を打つ。

実は、先に紹介した『ビルマの竪琴』の主人公・水島上等兵のモデルとなったといわれる中村一雄曹長の慰霊碑（復員され92歳で逝去）もあり、この日本人墓地は、もっとも知られた慰霊参拝の場所となっている。

かつての激戦地でメイクテラーと呼ばれたミャンマー中部のメイッティーラにも日本兵の墓があった。

この墓は、寺院の尼僧が生活する区画内にあり、いまも彼女たちが守り続けてくれている。墓石の両端に建つ慰霊碑には、「狼兵団　第１６８連隊通信隊」と、もう一つには「独立自動車第１０２大隊」の文字が刻まれていた。

メイクテラーにある歩兵第16連隊の慰霊碑。

ピンク色の僧衣を着た尼僧は「ここには（日本兵の）お墓もあり毎晩お経を唱えています」と話してくれた。これを聞いた私は、彼女らに心からの感謝の意を伝えた。

無情にも祖国で忘れられた日本軍兵士たちが異国のミャンマーで慰霊されていることに複雑な思いがこみ上げると共に、こうして毎日手を合わせてくれている尼僧らの祈りが、ただただありがたかった。

さらにこの近くには、歩兵第16連隊長の揮毫《きごう》による大きな鎮魂碑と、先の独立自動車第102大隊戦没者のための仏塔が建立されており、こちらは男性の僧侶たちが鎮魂してくれていた。大人から年端もゆかぬ小さな少年僧侶を目の当りにしたとき、熱い感動で胸がいっぱいになった。

仏塔の前に立つ僧侶たちと筆者（メイクテラー）。

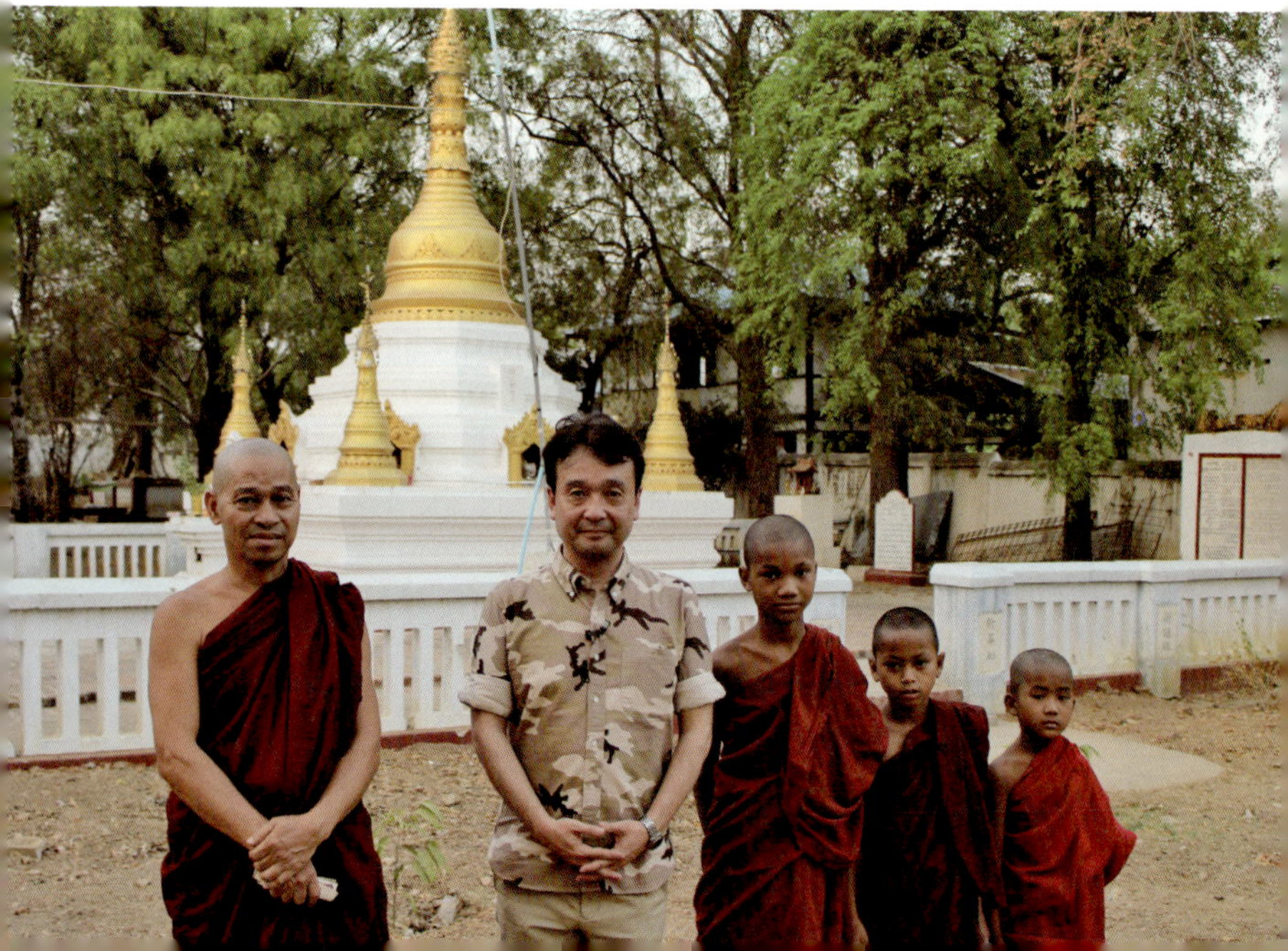

まったくもってミャンマーの人々に頭が下がる思いである。

日本軍が作った「ビルマ独立義勇軍」

日本軍のビルマ攻略戦の最大の目的は、米英軍による蔣介石率いる中国国民党軍への支援ルート「援蔣ルート」の遮断にあった。

連合軍は、蔣介石を支援すべく武器弾薬などをビルマから送り届けていたのだ。

開戦翌月の1942年（昭和17年）1月20日、日本軍は2個師団をもって南部ビルマへ侵攻を開始。タイ―ビルマ国境を突破して首都ラングーン（現ヤンゴン）を目指した。そしてついにイギリス軍はラングーンを放棄。日本軍は3月8日にラングーンを無血占領することに成功したのである。

タイとビルマを結ぶかの「泰緬《たいめん》鉄道」が建設されたのも、ビルマへの物資輸送の必要からだった。

こうして日本軍は、最終的に5個師団約8万5000人の大兵力をもってビルマ南部から押し上げる形でイギリス軍を圧迫してゆき、5月8日に要衝ミートキーナを占領してビルマと中国雲南省を結ぶルートの遮断に成功した。そして日本軍は破竹の勢いで進撃を続け6月までにビルマ全土を制圧したのである。

そこで忘れてはならないのが、「南機関」と「ビルマ独立義勇軍」の存在だ。

援蒋ルートの遮断とビルマ独立を工作する日本軍「南機関」の機関長・鈴木敬司大佐とビルマ人独立運動家アウン・サン（かつては〝オンサン〟と呼ばれていた）の出会いがすべてのはじまりだった。

ちなみにアウン・サンは、現在のミャンマーの国家顧問で民主化運動指導者として知られるアウン・サン・スー・チー女史の実父である。

大東亜戦争が勃発する前、アウン・サンは、日本軍の支援を受けて30人の同志と共に海南島へ逃れ、そこで彼らは鈴木大佐の南機関による厳しい軍事訓練を受けていた。

そして開戦直後の１９４１年（昭和16年）12月16日、アウン・サンらは、タイのバンコクで「ビルマ独立義勇軍」を設立。司令官に鈴木大佐が就き、彼はビルマ伝説の救世主〝ボ・モージョ〟を名乗った。そして参謀にアウン・サンが就いた。

１９４３年（昭和18年）８月１日、日本軍の支援を受けてバー・モウを首相とする「ビルマ国」がイギリスから独立。ビルマ独立義勇軍は、ビルマ防衛軍を経て「ビルマ国民軍」へと改編され、同時にアウン・サンは国防相兼ビルマ国民軍司令官となった。

戦後、バー・モウは、自著『ビルマの夜明け』で、長きにわたったイギリスの植民地支配から独立できた当時のビルマの様子をこう回顧している。

AP/AFLO

アウン・サン将軍。

《それは言葉では言い現せないほど幸せな日々だった。人々は喜びに胸をふくらませて、いたる所で歌った。国民こぞってこれを祝うために、各地域社会を代表する委員会が設けられた。くる日もくる日も群集がパゴダを訪れて灯明をあげ、花を捧げた。僧たちは町中で振舞を受け、催物は果てしなく続いた。人々は集い、日本語で万歳を叫んで、日本に対する深い感謝を現す決議をした。同時に、喜びと感謝の気持ちを綴ったメッセージが東条首相と日本政府に送られた》（ＡＳＥＡＮセンター編『アジアに生きる大東亜戦争』展転社）

ビルマ国民軍は、日本軍と共に進撃し、各地でイギリス軍と戦闘を繰り広げたのだった。ところがインパール作戦で日本軍が敗退し、日本の敗色が濃厚となるや、突如アウン・サンは連合軍側に寝返って日本軍に銃口を向けたのである。

ビルマ独立を支援した「南機関」の鈴木敬司大佐。

近現代PL/AFLO

戦後、このことをもってアウン・サンが反日闘士のようにいわれることがある。だがそれは違う。誤解を恐れずにいえば、アウン・サンは国家の生存のために、日本を裏切る苦渋の選択をせざるを得なかったとみるべきであろう。

アウン・サンは、日本と共に敗戦国となって再びイギリスの植民地となるより、ここは、戦勝するであろうイギリスの側に立って戦い、戦後のイギリスとの交渉を有利にしようと考えたのだ。つまり彼は日本軍を恨んで敵対したのではなかったのである。そのことは戦後、ＢＣ級戦犯に問われてビルマに連行された鈴木敬司少将（最終階級）をアウン・サンが助け、後の１９８１年（昭和56年）には、鈴木少将ら７人の元日本軍人に国家最高勲章が授与されていることがなによりの証左であろう。

１９４８年（昭和23年）１月４日、ビルマは、アウン・サンの思惑通り、連合軍に協力したことが評価されて再び独立を勝ち取った。だがその半年前にアウン・サンは暗殺されており、その喜びを分かち合うことはできなかったのである。

アウン・サン将軍の胸に輝く旭日章

いずれにせよ日本軍が、イギリス植民地からの独立を希求するビルマ人を助け、ビルマ人の軍隊をつくって彼らと共にイギリス軍と戦ったことはいまも高く評価されている。

首都ネピドーにあるミャンマー国軍の軍事博物館には、当時の貴重な写真や兵器などが展示されており、こうした封印された近現代史の真実を知ることができる。

面白いことに当時のビルマ国民軍の軍服は日本陸軍のそれとそっくりであり、このことからも日緬両国の関係性が読み取れる。

とりわけ私は展示されている写真に注目した。

訓練に励む生き生きとしたビルマ国民軍の兵士たち、イギリスからの独立を喜ぶ彼らの笑顔、これまで目にしたことがなかった写真がずらりと展示されていたのである。これらの貴重な写真が史実をなにより雄弁に物語っていた。そう思いながら展示に見入っていると、だんだんと戦後日本の嘘にまみれた偏向報道と自虐史観に怒りがこみ上げてきたのである。

そして展示の中には驚くべきものがあった。

それは日本軍人と見まごうばかりのビルマ国民軍の軍服を着たアウン・サン将軍の肖像画だった。

共同通信社

アウン・サン将軍の肖像画。胸元に旭日章が描かれている。

この肖像画のアウン・サン将軍の胸元には、１９４３年（昭和18年）に天皇陛下から授与された旭日章が描かれており、加えてそのコーナーには勲三等の勲章と日本刀が恭《うやうや》しく展示されていた。感動が湧き上がってきた。これまで私は、このようないでたちのアウン・サン将軍の写真や肖像画を見たことがなかったからである。

さらにミャンマーにはアウン・サン将軍の日本軍将官そっくりの銅像もあった。

場所はメイクテラー近郊だったと記憶しているが、日本陸軍ばりの軍服を着用し日本刀を地面について立つ丸刈り頭のアウン・サン将軍像を目の当りにした私は思わず頭を垂れて敬礼した次第である。

さて先の軍事博物館には、日本に亡命したときの着物姿のアウン・サン将軍の写真もあった。

実はアウン・サン将軍は１９４０年（昭和15年）に日本に亡命し、鈴木敬司少将とビルマの独立について鈴木少将の郷里である静岡県浜松で策を練っていたのだ。

こうしたことから、浜松の大草山の山頂に「ビルマゆかりの碑」という顕彰碑が建立され、２０１４年（平成26年）にミャンマーの国軍司令官が来日した際、日本の自衛隊と共

昭和天皇が授与した勲三等旭日章（軍事博物館）。

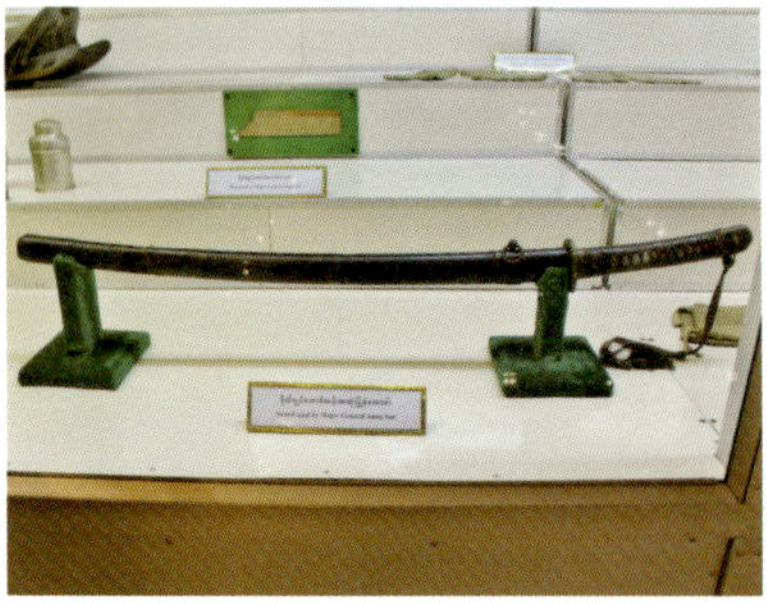
アウン・サン将軍の日本刀（軍事博物館）。

にここで慰霊式典が行われた。以来、自衛隊とミャンマー軍の将官交流プログラムで来日するミャンマー軍の将官はこの地を訪れ献花しているという。

かつて鈴木敬司少将をはじめ日本軍がミャンマーの独立に貢献したことが、いまでもミャンマーの人々に感謝されているのだ。

ミャンマーの軍歌は日本の『軍艦マーチ』

驚くべきはミャンマーの軍歌である。

現在の国軍マーチ『ミャンマー・ドゥーイェ・タッマドゥ』は、日本の『軍艦マーチ』の編曲であり、さらに日本陸軍の『歩兵の本領』も同様にミャンマー軍で歌われているのだ。

これらはビルマ独立史

かつてのアウン・サン将軍の事務所は、現在はレストランになっている。

アウン・サン将軍の執務室。

に刻まれた日緬協力の明証といえよう。

ところが残念なことにこうした史実は日本ではほとんど流通しておらず、学校でもまず教わることがない。

そんな中、2015年（平成27年）8月15日の靖國神社における終戦式典で、若いミャンマー人青年が「ミャンマーは日本軍と手を取り、共にイギリス軍と戦ったことから絆が強く、今でもアジアで一番親日的な国といっても過言ではありません。その証拠に、ミャンマーには各地に日本軍の慰霊碑がありますが、ミャンマーの人々はいまも大切にお祀りしています。ここで私は、戦争への批判ではなく、戦争で失われた方々や、わが国の為に戦った方々に感謝と敬意を表したいと思います」とスピーチして聴衆を沸かせた。

とにかくミャンマーの人々の親日感情は我々の想像をはるかに超えている。

例えば『ABOUT JAPAN』なる小冊子だ。実はこれ、ネピドーからメイクテラーに向かう直線道路のサービスエリアで発見したものだが、日本列島と旭日旗が大きく描かれた冊子だったので、最初はてっきり日本のガイドブックかと思った。しかしよく考えてみるとこんな田舎のサービスエリアに海外旅行のガイドブックというのもヘンだし、なにより日本以外の国の冊子がない。棚に挿してあるのは全部『ABOUT JAPAN』だった。そこで広げてみると、すべてミャンマー語で書かれているので、読むことはできなかったが、靴を揃えてある玄関の写真やタクシー、温泉などが紹介されているほか日本語についての解説もあった。どうやらこの冊子は、日本のマナーや気遣いについて書かれたものであることがわかった。このことからもミャンマー人の日本への思いが伝わってくる。

そんなミャンマー人の対日感情などまったく知らなかった頃、ミャンマー人から聞かされた日本への感謝の言葉に驚きと感動を覚えたことを思い出す。

かつて私がシンガポールからマレーシアに出国しようとしていたとき、国境で知り合った中年のミャンマー人男性からこう告げられたのだった。

「私の国ミャンマーは、日本人によって独立することができました。私の父から、日本人は恩人だと聞かされていたんですよ。だから私も日本が大好きで日本人に何かしてあげたかったのです」

果たしていま、どれほどの日本人がこうした言葉を素直に受け取ることができるだろうか。ミャンマーに行かなければ、このことはわからないかもしれない。

大東亜戦争の激戦地マンダレーを訪れたとき、そのことを痛感した。

標高約240メートルのマンダレーヒルに建立された「緬甸《ビルマ》方面彼我戦没諸精霊」碑に手を合わせ、靖國神社の御神酒を注いでささやかな慰霊祭を行っ

日本のマナーや気遣いについて紹介する小冊子『ABOUT JAPAN』。

ていると、木の陰から中学生ぐらいの女の子が我々の様子を覗いているのに気がついた。

私は、通訳のサンドラ・アウンさんに頼んでこの少女に話しかけてみた。

少女はこの近くに住むピュー・エンドラウーさん。

ピューさんは言葉少なにいう。

「あまり慰霊に来る人がいないので、今日は嬉しいです」

私は聞いた。

「あなたが日本軍の慰霊碑を守ってくれているのですか？」

マンダレーヒルに建立された「緬甸方面彼我戦没諸精霊」碑。

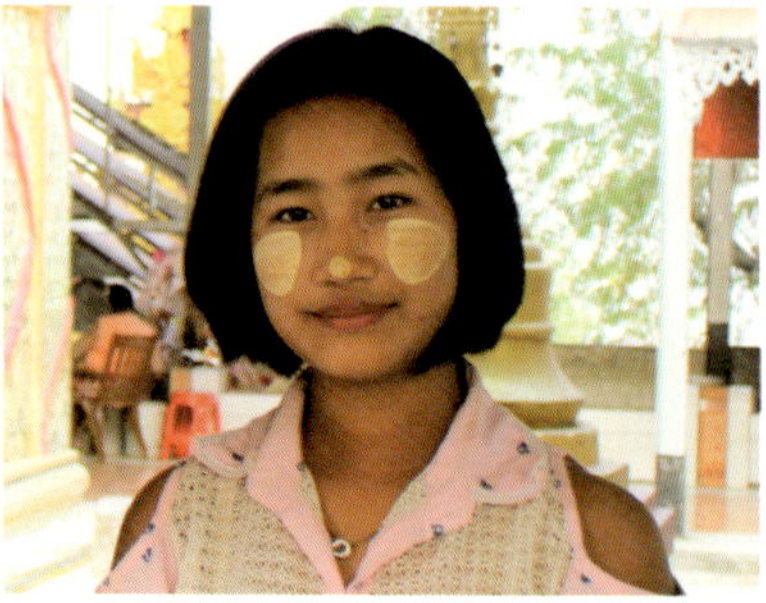
慰霊碑は地元の少女が守ってくれていた。

彼女は少し笑みをたたえながら答えた。

「はいそうです……お線香を焚いたり、掃除をしたりしています」

なんとピューさんが毎日この慰霊碑を守ってくれていたのである。私は両手を合わせてこの少女にお礼を言った。

「いつも慰霊碑を守ってくれてありがとう」

彼女は笑顔で返してくれた。

この地に斃《たお》れた日本軍将兵はどんな気持ちでいるだろうか、ミャンマーの少女がこうして毎日慰霊碑を清浄し、手を合わせてくれているのだ。

泣けてきた。

あたりは傾く太陽の光でオレンジ色に染まり、遠くのエーヤワディ川（イラワジ川）が銀色に輝いていた。

この同じ光景を日本軍将兵も見ていたのだろうか。

脳裏に流れる『埴生の宿』、激戦地マンダレーの丘に私のひとしずくが頬を伝って落ちた。

ミャンマーは各地に「パゴダ」と呼ばれる仏塔が建つ。

第2章 パプアニューギニア（ラバウル）
一大航空戦を繰り広げた地で聞こえる「ジャパン、ナンバーワン！」

青年たちは笑顔で『ラバウル小唄』を合唱した

♪さらばラバウルよ
また来るまでは
しばし別れの涙がにじむ
恋し懐かし　あの島見れば
椰子の葉陰に　十字星♪

ラバウルの青年たちが笑顔で手拍子を打ちながら、竹やビニールパイプを束ねた独特の楽器を使って『ラバウル小唄』を大合唱——私はあまりの感動に声が出ず、そのため彼ら

地元小学生は手作りの日の丸を手に大歓迎してくれた。

と一緒に歌うことなどとてもできなかった。それは、慰霊と戦跡巡りを共にしてきた他のメンバーも同じだった。

日本へ帰国する前日のラバウルで、あの軍歌を大勢の地元の青年たちが日の丸の小旗を振りながら……。私は、怒濤のように押し寄せてきた感動に胸がいっぱいだった。

「ラバウル」——かつて日米両軍が一大航空戦を繰り広げたこの地名は、名高き「ラバウル航空隊」の武勇と共にいまも語り継がれている。

ラバウルは、南太平洋のパプアニューギニア独立国を構成するニューブリテン島の北端に位置し、1910年にドイツによって拓かれ、第一次世界大戦以降はオーストラリアによって統治された港町である。

そんなラバウルの夕焼けは恐ろしいほど美しい。

水色の空一面がオレンジの炎で燃えているかのようなその風景を言葉で表現することは難しく、ただ空を見上げて呆然とするばかりであった。

『ラバウル小唄』を演奏・合唱する青年たち（オイスカの研修センターにて）。

ラバウルの夕日の美しさには言葉を失う。

花吹山を背景に東飛行場に立つ筆者。かつてラバウル航空隊の拠点だった。

そして翌朝、ホテルのテラスに出てみると、昨夕の燃えるようなオレンジ色に染まった空と海は一転して青い景色へと変わっていた。

凪《なぎ》のラバウル湾の対岸には、花吹山と母山が聳《そび》えているではないか。私は思わず花吹山に手を合わせて目を閉じた。

1942年（昭和17年）1月20日、日本海軍の第一航空艦隊がラバウルへの空襲を開始し、23日に陸軍部隊がオーストラリア軍を駆逐してこの地を占領した。その後ただちに飛行場の整備が行われ、航空部隊が進出してかのラバウル航空隊が誕生したのである。

そして零戦や爆撃機がこの地を拠点にガダルカナル島およびニューギニア方面に連日の攻撃をしかけて大きな戦果を挙げ、ラバウル航空隊の名は連合軍にも轟《とどろ》

零戦（上）、九四式軽装甲車（中）、水陸両用戦車（下）など、ココポの戦争博物館には日本軍の兵器が数多く展示されている。

き渡ったのだった。

かつてラバウル航空隊が使った日本軍の東飛行場は、戦後もラバウル空港として利用されていたが、１９９４年（平成６年）に花吹山と西吹山が噴火し、大量の火山灰が降り注いだために使用不能となってココポに新空港が建設された。

現在、東飛行場跡は火山灰と軽石のような噴石で覆われ、ところどころに草木が茂っている。もはや空港施設など跡形もなく、野原のような平坦な大地が広がっていた。

そんな滑走路跡に立って往時に思いを馳せていると、花吹山を背景に整然と翼を並べる零戦と、白い防暑衣に身を包んだ整備員が忙しく駆け回るシーンが浮かび上がってくる。

我々一同は、花吹山を正面に見据え、東飛行場に向かって国歌と『海行かば』を奉唱し、散華されたラバウル航空隊の英霊に対して感謝の誠を捧げたのだった。

黙禱――。脳裏に過る若き戦士たちの笑顔。彼らはひたすら祖国日本の勝利を信じ、遠く離れたこの地で死力を尽くして戦ってくれたのだ。

只々感謝あるのみ。

「ありがとうございました！」

そうつぶやきながら皆で少しずつ靖國神社の御神酒を東飛行場に注いだ。

❶「山本バンカー」は史跡のひとつとなっている。❷バンカー内の指揮所とみられる部屋の天井には地図が描かれていた。❸今村均司令官の指揮で構築された洞窟陣地。❹「大発」が格納された洞窟もあった。❺病院壕の内部はまるで迷路のよう。

「日本がもし勝っていたらもっと良くなっていた」

ラバウルには数多くの戦跡がある。

東飛行場の近くには、残骸となった陸軍の九七式重爆撃機があるほか、日本軍の兵器の数々はココポの戦争博物館で見ることができる。

零戦のほか、一式陸上攻撃機の残骸、九四式軽装甲車、九五式軽戦車、八九式15センチ加農砲、九一式10センチ榴弾砲など貴重な兵器が展示されている。

そして旧飛行場近くには〝ADMIRAL YAMAMOTO'S BUNKER〟なる戦跡がある。

この〝ADMIRAL YAMAMOTO〟（山本提督）とは、山本五十六連合艦隊司令長官を指している。

頑丈なコンクリートに覆われた地下防空壕はどうやら指揮所のようだ。

最頂部の部屋の天井にはラバウルからの距離を示した地図が描かれ、側壁にはラバウルの周辺地図、そこに記された細かな文字もすべてが当時のものだった。

そしてラバウルの断崖や山の斜面にはいたるところに坑道のような人工の横穴が口を開けている。

実はこれ、１９４２年（昭和17年）11月に陸軍の第８方面軍司令官としてラバウルに着任した今村均中将の指導による洞窟陣地だった。

ココポからラバウル市街へ向かう道の途中で見える山の斜面には、いくつもの洞窟陣地があり、その中には「大発《だいはつ》」と呼ばれる上陸用の舟艇が格納された大きな洞窟もある。

そんな洞窟陣地の中でも、カラビヤ村の地下病院壕は、内部を安全に見学できるようになっていた。壕には、いくつもの出入り口があり、内部はまさしく迷路のようだ。

そして病院壕を出ると、そこに黄色いシャツを着た年配の男性が満面の笑みを浮かべて立っていた。

彼は突然こういって壕の入り口を指さした。

「ヒコウキ、バクダン、ボクウゴウへハイレ！」

彼は、「飛行機、爆弾、防空壕へ入れ！」といったのである。すると孫を抱いた彼の奥さんらしき年配の女性が「彼はジャパニーズソングを歌えるよ」と口添えをしてくれた。これを受けて彼は口をもごもごさせて歌い始めた。

♪ハルコオロオノ　ハナノエン　メグルサカズキ　カゲサシテ♪

『海ゆかば』を歌ってくれたジョージ・ワイナウ氏。

日本人とわかると熱烈に歓迎してくれる地元の子供たち。

日本の唱歌『荒城の月』だった。そして彼は続けて歌った。

♪ウミユカバ　ミヅクカバネ
ヤマユカバ　クサムスカバネ
オオキミノヘニコソシナメ
カエリミハセジ♪

『海行かば』だった。

あまりの感動で私の涙腺は一気に崩壊した。

この男性は、1937年生まれのジョージ・ワイナウ（George Wainau）さんだった。

ラバウルにはそんな感動が溢れている。とにかく街を車で行けば実に晴れやかな気分になることは間違いない。

というのも沿道の子供たちが、前席

聖アロイシウス小学校の男子生徒たちは民族ダンスも披露してくれた。

ダッシュボードの上に置いた日の丸を見て我々が日本人だとわかると飛び上がって手を振ってくれるのだ。中には、親指を立てて「ジャパン、ナンバーワン!」などと叫ぶ子供もいる。うわさでは聞いていたが、ラバウルの親日感情は想像以上であり、まさか子供たちにまで受け継がれているとは思わなかった。

ラバウルホテルの前で乗り合いバス(ワゴン車)を待っている2人の若い女性に話を聞いてみるとこんな話が飛び出した。

フェリーさんは力を込めていう。

「みんないっていますが、日本がもし戦争に勝っていたらもっと良くなっていたでしょうね。いい家、いい道路、橋、すべてが良くなっていたでしょう。それにラバウルだけでなく、パプアニューギニアがもっと発展していたでしょう」

そしてその隣りにいた物静かなステラさんも異口同音だった。

「私も、もし戦争で日本が勝っていたらより良かったと思います。そうしたら、ここはもっと発展していたでしょう」

戦時中の日本がアジアや太平洋の島々を侵略していまも恨まれていると信じ込んでいる現代の日本人に、是非とも聞いてもらいたい現地の〝生の声〟である。

いまも歌い継がれる日本の唱歌

翌朝、私が小型バスで向かったのはタブイリュー村の聖アロイシウス小学校（St. Aloysius Primary School）だった。

下車して細い未舗装の道を歩いてゆくと、遠くに鮮やかなピンク色の制服を着た小学生たちが並んでいるのが見えた。そしてよく見ると、その子供たちが道の両側に整列し、全員が日の丸の旗を打ち振って我々を歓迎してくれているではないか！

彼らが手にする日章旗は、日の丸の大きさもまちまちだったことから生徒一人ひとりが手作りしてくれたものであることがすぐにわかった。

かつてフィリピンにおける特攻隊慰霊祭に参加したとき、地元の子供たちの打ち振る日の丸の旗に見送られたときのあの感動が蘇った。まさか、ここパプアニューギニアのラバウルで、またもやあの光景に出会えるとは思いもよらなかった。

　そんな日の丸の旗の波の中に入ってゆくと、子供たちが我々を取り囲み歓声を上げながら校庭へと案内してくれたのだった。

　そこで私が地元ガイドのルディさんに「いまからいったい何が始まるのですか？」と聞くと、ルディさんが「これです」といって式次第のようなものを見せてくれた。

　驚いたことに、これからこの小学校で日本からやって来た我々一行を迎える歓迎式典が行われることになっていたのである。我々は雛壇《ひなだん》に並び、子供たちから歓迎を受けた。

　なにより感動したのはこの学校の女生徒らによる歓迎の歌声だった。


『うさぎとかめ』を歌ってくれた女生徒たち。

彼女らは雛壇の前に整列して歌い始めた。

♪モシモシカメヨ　カメサンヨ
セカイノウチニ　オマエホド
アユミノ　ノロイ　モノハナイ
ドウシテ　ソンナニ　ノロイノカ♪

それは日本の唱歌『うさぎとかめ』だった。
彼女たちの歌う日本のメロディーは、間違いなく日本軍将兵が現地に残していったものであり、それがこうして小学校で歌い継がれていることに驚きを禁じ得なかった。ルディさんによると、この子らのおじいさんやおばあさんが、日本の兵隊さんと一緒に歌っていた曲がこうして歌い継がれているということだった。

日本人には手を振っても白人には振らない

そしてこの学校をあとにして我々が向かったのは、昼食を用意してもらっているオイスカ（ＯＩＳＣＡ）のエコティック研修センター（有機循環農業研修所）だった。
オイスカとは本部を日本に置く公益財団法人である。そしてこの施設の門をくぐるや否や敷地内の広場に広がる光景に再び仰天した。

なんと今度はオイスカの人々が、先の小学校と同じく日の丸を手に一列に並んで我々を出迎えてくれたのだった。

そこで彼らに日本に対する思いを聞いてみた。

するとある青年は、「日本人は親切です」と答えた後、戦時中のことを「日本人がやってきて皆はしあわせだった」とつたない日本語でそう語ってくれた。

さらに愛知県で学んだ経験があるという背の高い男性にも聞いてみると、彼はこう答えてくれた。

「ラバウルにやってきた日本軍は皆いい人だった。仕事も一緒にした。だけど、オーストラリアは悪かった。ゴールド（金）なんかを持ち去っていった。オーストラリアは好きじゃない」

もちろんこうした感想は、若い彼自身の経験からではないことは明らかである。彼の歴史観は、祖父母や地元の年配者たちの体験談であり、またそれは疑う余地のない歴史の証言なのだ。

このラバウルに20年以上にわたって暮らし、オイスカでパプアニューギニア駐在代表を務める荏原美知勝氏はいう。

「現地の人にとって日本は憧れの国であり、尊敬する国なんです。でもその対日感情が良いのは、オイスカや私のせいではなく、戦時中の日本軍や軍属の方たちが、ここでの生活

ラバウルで20年以上暮らすオイスカの荏原美知勝氏。

地元の子供たちと。

をきちんとやってくださったからなんですよね。その恩恵を私たちが受けているわけです」

日本軍将兵は立派だったということである。

さらに荏原氏は続ける。

「戦時中の日本軍人の方々の働きが誠実で、勤勉であって、その基礎の上にオイスカが入り、そして私が入って来られたんです。このことに感謝しています」

ラバウルの親日感情はすべて日本軍将兵のおかげだったのだ。

荏原氏はいたずらっ子のような笑顔でこう話してくれた。

「たぶん皆さんがバスに乗って来られたとき、現地の人が手を振ってくれたと思いますが、あれは、オーストラリア人や白人に対してはしないんです。日本人はラバウルの人々にとっては特別な国民なんですよ」

確かに道路が整備されたラバウルでは自動車など珍しくないのに、どうして我々一行が乗ったバスに飛び上がったりしながら満面の笑みで手を振ってくれるのか、さらによくわかった。

いやはやなんとも誇らしい気持ちになる。

そして昼食を済ませた我々が案内されたのは、屋外の集会所のような場所だった。ここで、冒頭に紹介した『ラバウル小唄』の大合唱を聴かせてもらったのである。

帰国の前日に聴かされた『ラバウル小唄』はあまりにも感動的だった。

実は、昼食後に私はここで2、3人の研修生にその独特の楽器の演奏を見せてもらい、『ラバウル小唄』を一緒に歌ったりしていたのだが、複数の楽器による演奏で数十人の研修生が大合唱する『ラバウル小唄』は迫力があり、湧き上がる感動で心が揺さぶられたのである。

ラバウルで歌い継がれる日本の軍歌や唱歌は、この地で戦った日本軍将兵の〝形見〟であり、なにより大東亜戦争の貴重な〝証言〟なのだ。かつて日本軍将兵が地元の人々とどのような交流を行い、そして地元の人々にどれほど歓迎されていたかは、ラバウルの歌声を聴けばすぐにおわかりいただけることだろう。

このラバウルで、またしても私は封印された日本の近現代史の真実を知ることができたのである。

日の丸を手にしたオイスカのエコティック研修センターの研修生たち。

街中で目にした石垣に描かれた旭日旗。

第3章 カンボジア
〝国の顔〟である紙幣に日の丸が描かれている

共産主義の恐怖と殺戮《さつりく》の歴史

カンボジア王国——まず思い浮かぶのは、その国旗にも描かれた世界遺産アンコール・ワットや、神秘的なアンコール・トムだろう。

12世紀という建設機械もコンピューターもない時代によくぞこんな壮麗な建造物を造れたものだ。この国を訪れる観光客の多くがシェムリアップにあるこれら遺跡群を訪れ、誰もがその美しさに息をのみ、そして当時の人々の叡智に感銘するに違いない。

その大きさもさることながら、石積みの技術、見事なレリーフなど、いったいどれほどの時間と労力を費やしたのだろうか。

圧巻だ。その威容に見とれながら石畳をゆっくり歩く。これほどの叡智と創造のセンス

美しいアンコール・ワットにも内戦の傷跡が深く残っている。

をもったいにしえのクメール人（カンボジア人）に畏敬の念を抱かずにはいられなかった。

だが残念なものが目に飛び込んできた。それは深くえぐられた痛々しい弾痕だった。

なぜこんなところに弾痕があるのだろうか。

実はこれ、この国の内戦における共産勢力クメール・ルージュ（赤いクメール）によるものだった。宗教を否定する共産主義者たちは、こうした歴史遺産をも破壊しようとしたのである。

この国には、ポル・ポト率いる共産党独裁政権による殺戮《さつりく》と破壊の暗黒時代「民主カンプチア」（1975―79年）があった。カンボジアと日本との深い絆を語る前に、前段階として同国のこの暗い歴史に触れないわけにはいかないだろう。

この時代、学者や医師など知識階級をはじめとする夥《おびただ》しい数の無辜《むこ》の市民がスパイ容疑などで連行され、激しい拷問の末に虐殺されていった。

そして虐殺する側に立った者までもが口封じのために殺され、さらに祖国の革命に身を投じようと希望を抱いて海外から帰国した人々もが次々と処刑されていったのである。

恐ろしいことに、親から引き離されて洗脳された子供たちが、あろうことか大人たちを処刑するなど、まさに狂気に支配された時代であった。

こうしてポル・ポト政権下で人口の30%を超える国民がなんの罪もなく殺されるという未曾有の大虐殺が行われたのである。

それはカンボジアにとって歴史上最大の汚点であり、できることなら消し去りたい負の

カンボジア人をいまも苦しめる地雷の注意看板。

アンコール・ワットに残る弾痕が痛々しい。

記憶であろう。だが、むしろこの共産主義の恐怖と殺戮の歴史を語り継いでゆくことで、二度とこうした悲劇を繰り返してはならないという教訓にしているのか、各地にポル・ポト時代の遺跡が残されている。

プノンペン市内の「S21」と呼ばれるかつての政治犯収容所トゥールスレンは現在、虐殺博物館となり、当時の残酷な拷問室や独房などが保存されている。拷問が行われた部屋などは、一歩足を踏み入れると気分が悪くなる人も多かろう。私もその一人だった。耐えられなくなって外に出てみると、庭の真中にモニュメントが建立されていた。

ポル・ポト派が国民を拷問・虐殺した政治犯収容所「S21」。

拷問の水責めに使われた水瓶（S21）。

政治犯収容所で犠牲となった人々の慰霊碑。

そこに刻まれた、Never will we forget the crimes committed during the Democratic Kampuchea regime（我々は民主カンプチア政権の犯罪を決して忘れない）の文字が目に飛び込んできた。そこには言葉に尽くせぬこの国の後悔と悲しみが込められていた。

そしてこの敷地内には、地獄から奇跡的に生還を果たした生存者がその体験を話してくれるコーナーがある。

チュン・メイ氏（取材当時86歳）は数少ない生存者の一人だった。

私は彼の横に座ってその壮絶かつ残酷な体験談を聞いた。

政治犯収容所から奇跡的に生還したチュン・メイ氏と筆者。

キリング・フィールドに建つ仏教寺院には虐殺された人々の骨が納められていた。

彼がクメール・ルージュに捕まったのは48歳のときだった。その理由はまったく身に覚えのないスパイ容疑だった。そもそも「スパイ」の定義すら知らないチュン・メイ氏が、兵士たちにムチで叩かれ、足の爪も剝がされた。さらに耳の穴に電線を入れて電気ショックをかける恐ろしい拷問を受けたのだった。

肉体的苦痛だけではなかった。彼の妻と4人の子供までもが殺され、その精神的苦痛は筆舌に尽くしがたいものがあった。

カンボジアには各地に〝キリング・フィールド〟と呼ばれる、ポル・ポト派による虐殺現場がある。ある寺院には、そこで発掘された無数の頭蓋骨などが安置されており、中国の支援を受けたポル・ポト政権の残虐さと共産主義の恐ろしさを後世に語り継いでいる。

カンボジアの悲劇はそれだけではなかった。20年におよぶ内戦ではベトナムや中国、そしてアメリカなどが様々なかたちで介入し、国土は荒廃して国民生活は困窮を極めたのである。

内戦で使われたT54戦車。

いまも感謝される自衛隊初のＰＫＯ

１９９１年（平成3年）10月、パリ和平協定が調印されて内戦が終結。同月、カンボジアの復興支援のため、国際連合平和維持活動（ＰＫＯ）の先遣隊がやってきた。そして１９９２年（平成４年）３月には国連カンボジア暫定統治機構（ＵＮＴＡＣ）が活動を開始。これを受けて日本政府が動き出した。

これが日本初のＰＫＯとなった。

１９９２年（平成４年）６月、「国際平和協力法」、いわゆる〝ＰＫＯ法〟が成立し、自衛隊のＰＫＯが始まったのだ。このＰＫＯ法が施行されるや、９月には陸上自衛隊の施設大隊と停戦監視要員が、戦乱から立ち直って民主選挙を控えたカンボジアへ派遣されたのである。

日本ＰＫＯの幕開けとなる派遣部隊は、長く続いた内戦で破壊された道路や橋梁を修理するなどしてカンボジアの復興に大きく貢献した。そしてＵＮＴＡＣに派遣された陸上自衛隊員は、タケオ州を中心に第一次・第二次隊合わせて約１２００名、約１年間の任務期間中に修復した道路は約１０００キロ、補修した橋梁は約40を数えた。

ところが日本国内では、この初のＰＫＯ任務での自衛隊海外派遣について、まるで自衛隊が対外戦争に出て行くかのような物言いの反対論もあった。さらに携行する武器を巡って非現実的で無責任な議論が巻き起こり、その結果、派遣部隊は小銃と拳銃という軽装備で任務を遂行せねばならなかったのである（戦後初の自衛隊地上部隊の海外派遣とあって、反対派を抑えるために軽武装となったが、現地のゲリラよりも火力が劣るとして当初から危惧する声があった）。

だが、実際はどうだったか。

私は、あれから25年後のタケオを訪れた。

首都プノンペンからおよそ2時間半、時折り未舗装の箇所がある道路をひたすら南へとマイクロバスは走る。

自衛隊の宿営地はサッカー場になっている。

自衛隊が修復したタケオ州の道路に立つ筆者。

かつて自衛隊員もこの道を通ったのだろうか、同じ風景を見たのだろうか。そんなことを考えながら左右に広がる田畑や荒れ地に目をやっていると、正面に大きな標識が見えてきた。右に行くと、かつてのカンボジア内戦の激戦地カンポット州らしい。もちろん、いまでは砲煙も銃声もなく、のどかな田舎町の風景が広がっていた。

そしてしばらく走ると、現地ガイドのソフィアさんが、うしろを振り向いて、もうそろそろであることを合図してくれた。

かつての自衛隊の宿営地は、いまはサッカー場としてきれいに整備されており、そこには平和に暮らす村人ののどかな生活があった。

宿営地の入り口に繋がる道は、まさに自衛隊が整備した舗装道路で、いまでも人々の交通路として使われている。かつて第1および第2ゲートがあった場所も確認したが、もはや自衛隊が宿営していた痕跡は何も残っていなかった。

当時、カンボジア情報局の職員だったサオ・サリ氏はいう。

「自衛隊がやって来たときは本当に嬉しかった。自衛隊は道路や橋をつくり、あるいは修復してくれたし、村の人々とも温かい交流があった。

当時は、まだ近くにポル・ポト派兵士がいたので危険でしたが、自衛隊が守ってくれていたので人々は夜でも明るくして生活できたし、安心して眠れました。もし自衛隊が来てくれなかったら、この地域の人々は安全なところに避難しなければならなかったでしょう。我々は、日本の自衛隊に感謝し、その恩を忘れません」

地元の人々は自衛隊を大歓迎してくれていたのである。このサオ・サリさんの言葉で、当時の日本国内に巻き起こった自衛隊派遣反対論がデマと妄言であったことが見事に証明されたのだった。

道路の修復工事の着工準備をする陸上自衛隊施設大隊（1992年10月）。
共同通信社

そしてサオさんは最後に私の手をぐっと握りしめながら、笑顔でこういった。

「カンボジアにやってきた自衛隊のことは忘れません。これからもタケオ州のカンボジア人を助けにきてください」

彼と私は再び固い握手を交わしたのだった。

息子を「キンタロウ」と命名

実はこのカンボジア国際平和協力業務では、UNTACに、自衛隊だけでなく、警察官75名、さらに選挙要員として国家・地方公務員18名、民間人23名が参加しており、まさに国を挙げてのカンボジアに対する援助だったのである。

そしてこうした活動の中で、国連ボランティアの選挙監視員として活動していた中田厚仁氏と、文民警察官の高田晴行警部補が相次いでゲリラに襲撃されて殉職した。中でも高田警部補（殉職後、警視）は、自衛隊ではなくオランダ海兵隊の護衛を受けて移動中の出来事だった。

　ガイドを務めてくれたソフィアさんがいう。

「カンボジアがたいへんなときに自衛隊がやってきてくれて助けてくれました。本当にありがとうございました。そしてその後も、日本の無償援助などでカンボジアは復興することができました。このことを、カンボジア人を代表して皆さまに感謝いたします」

　そして日本のPKO部隊が当初の任務を無事終了して撤収した後、2002年（平成14年）から、元自衛官らで組織される「日本地雷処理を支援する会」（JMAS《ジェーマス》）がカンボジア各地で地雷処理を開始した。

　長きに亘る内戦でばらまかれた地雷によっていまでも各地で被害が後をたたず、深刻な

トゥン・ソフィア氏（左）と当時カンボジア情報局員だったサオ・サリ氏。二人とも大の親日家だ。

問題となっている。多くの人々が遺棄地雷によって足を吹き飛ばされ、あるいは命を落としており、カンボジア発展の阻害要因のひとつとなっているのだ。

そんな事態を受けて元自衛官らが立ち上がったのである。

カンボジアの地雷処理に、現役を引退した元自衛官が無償で汗をかこうというのだから

カンボジアの人々に感謝されないわけがない。

こうしたことも含めてカンボジア人の対日感情はすこぶる良い。

ソフィアさんは力を込めていう。

「私は、日本人が大好きです。日本人は時間を守る、優しい、正直、誠実です。そしてうるさくない（笑）。カンボジア人は日本を尊敬していますし、憧れています」

日本びいきのソフィアさんにはカンボジア人のご主人との間に2人の子供がいて、なんと長女の名前が「カオリ」――きれいな名前だからつけたという。そして長男の名前は「キンタロウ」。日本の童話の金太郎からとったそうで、強く優しく親孝行で正義感がある人になってほしいという思いから命名したという。そして子供たちには、将来、日本とカンボジアの懸け橋になってもらいたいと願っている。

さらにソフィアさんはこう続けた。

「中国製のものは何でもすぐに壊れますが、日本製は丈夫で壊れません。だからカンボジア人は、高くても日本製の車やバイク、電化製品を欲しがるんです。それに、もし万が一壊れても、日本人はすぐにやってきて無償で直してくれたりしますが、中国はお金を要求

してきます。こうしたことが大きな違いなんです。だからカンボジア人は日本が好きで感謝しているんです」

皮肉をたっぷり込めていえば、粗悪で安価な中国製品がカンボジア人の日本への信頼と好感度をどんどんと高めてくれているというわけだ。

そんな日本への感謝の気持ちは、カンボジアの紙幣がなにより雄弁に物語っている。

カンボジアの紙幣500リエルの裏側には、日本のODAでメコン川に架けられた「きずな橋」「つばさ橋」と共に「日の丸」が描かれているのだ。

復興のために日本政府が行ってきた誠実な支援に対するカンボジア人の感謝の気持ちが、

500リエル紙幣には日本がODAで建設した橋と日の丸が描かれている。

通称・日本橋は内戦で爆破されたが日本が再建し、シアヌーク国王(当時)が「カンボジア日本友好橋」と命名した。

紙幣にまで現れていることを果たしてどれほどの日本人が知っているだろうか。

２０１６年（平成28年）の自衛隊記念日観閲式の訓示で、安倍首相は、南スーダンＰＫＯ（２０１２年1月～17年５月）のあるエピソードを披露した。

〈首都ジュバでは、カンボジアの部隊も、共に活動しています。その若い女性隊員が、あるとき、自衛隊員にこう話しかけてきたそうであります。

「約20年前、日本は、私の国を支えてくれた」

内戦に苦しんだカンボジアが、国連ＰＫＯの下、平和への道を歩み始めた90年代初頭、まだ幼い少女であった、その隊員は、こう続けたそうであります。

「日本が、私たちにしてくれたことを、いま、こうして、南スーダンの人たちに、返せることを誇りに思う。そして、アフリカのＰＫＯに参加できるまでになったカンボジアの姿を、日本人に知ってもらえて、嬉しい」

20年余り前、日本の自衛隊が、カンボジアの大地に植えた「平和の苗」は、いま、大きな実を結び、遠く離れたアフリカの大地で、次なる「平和の苗」を育もうとしています〉

まさにカンボジアへの自衛隊派遣が、カンボジアの人々の親日感情を育て、そして世界に平和をもたらすきっかけを作ったのである。

第4章 ポーランド

いまも語り継がれる日本のポーランド孤児救出劇

祖国に帰るとき孤児たちは「君が代」を歌った

バラの花が咲き乱れるワジェンキ公園には、ポーランドが生んだ偉大な作曲家フレデリック・ショパンの銅像が建ち、その横にはピアノが置かれていた。

いままさに著名ピアニストによる野外演奏が始まろうとしていた。

そして公園が集まってきた人で埋め尽くされようとしていたとき、ショパンの流麗な楽曲が流れはじめ、人々はその見事な演奏に聞き入ったのである。

ポーランド人が愛し続けるフレデリック・ショパン――その楽曲の中でも「革命」はポーランドの悲哀の歴史を物語っている。この曲が生まれたのは、ポーランドがロシアからの独立を勝ち取るために武装蜂起した1831年のことだった。

2002年、天皇皇后両陛下（現上皇上皇后両陛下）を熱烈に歓迎するポーランドの人々。

ヨーロッパの中央に位置し、ロシア、ドイツ、オーストリアという大国に挟まれたポーランドは、隣接する強国に蹂躙《じゅうりん》され、幾度も国土を分割されてきた。さらに第二次世界大戦後は、否応なく共産主義独裁国家ソ連の陣営に組み込まれ、およそ半世紀にわたって共産主義の弾圧に苦しめられたのである。

そんなポーランドが、実は〝ヨーロッパ一の親日国家〟であることをご存じだろうか。

その理由の一つは、第一次世界大戦（1914〜18年）末期の、日本、アメリカ、イギリス、フランスら連合国による「シベリア出兵」時の〝ある出来事〟にあった。

ロシア革命に対する干渉戦争となったシベリア出兵では、日本は兵力

7万3000人と戦費10億円を投じて約3000人もの戦死者を出しながら、得るものがなかった対外戦争だとして酷評されてきた。だがその結果として、シベリアで孤立したポーランド人孤児765人を救援することができたのだ。

ではなぜシベリアにポーランド人がいたのか？

時代はさかのぼって19世紀、ロシア帝国に支配されていたポーランドで独立を勝ち取るための蜂起が起こった。

1830年の11月蜂起、そして1863年の1月蜂起でポーランド人が立ち上がった。だが、圧倒的軍事力を誇るロシア軍に制圧され、その結果多くのポーランド人が、政治犯としてシベリアに送られたのだった。

さらにその後の第一次世界大戦では、国土がロシア軍とドイツ軍の激しい戦場となって逃れてきた人々などが加わり、当時のシベリアには15万～20万人のポーランド人が暮らしていたという。

第一次世界大戦が終結し、1918年にポーランドは独立を回復したが、大戦末期に起こったロシア革命によって彼らの祖国ポーランドへの帰国は困難となった。こうしてシベリアのポーランド人たちは、ロシア内戦の中で困窮し、多数の餓死者や病死者、凍死者を出していったのである。

その惨状を知ったウラジオストク在住のポーランド人、アンナ・ビエルケビッチ女史らが1919年に「ポーランド救済委員会」を立ち上げて、「せめて親を失った孤児だけでも救わねば」と東奔西走した。当初はアメリカの赤十字が動くはずだったが、肝心のアメリカ軍が撤退となってはどうしようもなかった。

そこで1920年6月、ポーランド救済委員会は日本に救援を打診した。するとすると日本の外務省は日本赤十字社に「救済事業」を要請し、日本赤十字は、陸軍大臣・田中義一と海軍大臣・加藤友三郎の合意を得て救護活動を決定した。そして早くもその2週間後、ポーランド孤児らを乗せた日本陸軍の最初の輸送船がウラジオストクを出港し、福井県・敦賀港に到着したのだった。

写真提供／日本赤十字社

ウラジオストクに集合した出港前の孤児たち。日本が救出した孤児は最終的に765人を数えた。

このとき、日本赤十字をはじめ、軍や警察、役場、敦賀市民は、ポーランド孤児たちを温かく迎え入れ、食事や菓子でもてなし、病気の治療にあたるなど、彼らを手厚く養護したのだった。

当時のポーランド孤児救援については、外務省、陸軍浦潮《ウラジオ》派遣軍参謀長、陸軍運輸本部長などの間で電報が飛び交っており、孤児らを至急輸送するよう要請する内容となっている。

1921年（大正10年）2月18日に発せられた「波蘭《ポーランド》孤児輸送方ノ件」なる電報（西第

写真提供／日本赤十字社大阪府支部

祖国ポーランドへ帰るため神戸港で乗船する孤児たち。船上から「アリガトウ」を連呼した。

一四七五號）には、副官から陸軍運輸部臨時浦潮派出所長宛てにこう記されている。

〝在浦潮波蘭孤児百五十名ヲ至急軍用船ニ便乗セシメ敦賀へ輸送アリタシ（本部長済）〟

陸軍は孤児らを急いで敦賀へ輸送しようと全力を挙げて取り組んでいたのだ。

こうして1922年8月までに、日本が救出したポーランド孤児は765人を数えたのである。

そしてポーランド政府の要請に基づき、元気を取り戻した孤児たちは横浜港や神戸港から祖国に向かったのだが、彼らが船で日本を離れるとき大変なことが起きた。ポーランド孤児たちが「日本を離れたくない」と泣き出したのだ。

シベリアで極寒・極貧の生活を強いられ、愛情に触れたことのなかった孤児たちにとって、日本はまさに天国だったのである。孤児らは船上から「アリガトウ」を連呼し、『君が代』とポーランド国歌を高らかに歌い感謝の意を表して別れを惜しんだのだった。

天皇皇后両陛下に拝謁した元孤児

祖国に送り届けられた孤児らは、ポーランド北部のグダニスク郊外の町、ヴェイヘロヴォの施設に収容されて養護された。

その場所は、現在、特別支援学校となり、当時孤児たちが暮らしていたレンガ造りの建物がいまもそのままの姿で使われている。

驚くべきは、この建物の廊下に、ポーランド孤児救出に関する数々のパネルが掛けられ100年前の出来事がいまもしっかりと語り継がれていることである。

その中に私の興味を引いた一枚の写真があった。

それは、ポーランドに帰国後この学校で過ごした子供たちが結成した、旭日旗をシンボルとした「極東青年会」なる親睦団体の写真だった。

かねてよりこの写真の存在は知っていたものの、やはり現地で見ると感慨深いものがある。

こうして育った青年の中には第二次世界大戦時にナチスに迫害されたユダヤ人を命がけで救う者もあらわれた。

アントニナ・リーロ女史は、親しい友人から、一人の

孤児たちが帰国後に過ごした施設。現在は特別支援学校になっている。

現地で「極東青年会」の写真を見つけた。

ユダヤ人少年を助けてほしいと頼まれ、彼女は命がけで匿《かくま》ったのだった。こうして決死の覚悟でユダヤ人の少年を守り抜いたリーロ女史は、1999年にイスラエルから「諸国民の中の正義の人賞」を受賞している。

ポーランドの恩返し

そしてポーランドが日本に恩返しするときがやってきた。

1995年（平成7年）と1996年（平成8年）、ポーランド政府が阪神・淡路大震災の被災児童らをポーランドに招待し、ワルシャワで4名のポーランド孤児との対面などを通じて子供らを励ましてくれたのだった。

これを主導したのがスタニスワフ・

フィリペック博士だった。

当時、駐日ポーランド大使館の参事官だったフィリペック博士は募金を呼び掛けて、その資金で阪神・淡路大震災による日本人孤児や被災者をポーランドに招待してくれたのである。

その動機についてフィリペック博士はいう。

「私のおばあちゃんから、日本に感謝すべきことがあるといわれてきましたから、何か役に立つことができないかと考えたんです」

２００２年（平成14年）７月12日、天皇皇后両陛下（現上皇上皇后両陛下）がポーランドを行幸啓され、ワルシャワの日本大使公邸でレセプションが開かれた。

このレセプションには高齢となった３名の元ポーランド孤児が招かれ、両陛下に拝謁した。彼らは、かつて自分たちが日本によって救われたお礼を両陛下に伝えたかったのである。そして両陛下から温かい言葉をかけられたとき、元孤児らはいたく感動したという。

フィリペック博士は、両陛下がポーランドに行幸啓されたときの感動と興奮を、身振り手振りを交えて

フィリペック博士が手にする新聞には「日本万歳！」と書かれていた。

ポーランド行幸啓時のレセプションで天皇皇后両陛下（現上皇上皇后両陛下）は元孤児と面会された。

熱く語り、このときのポーランドの新聞を私の目の前にかざしたのだった。

なんと紙面には、天皇皇后両陛下の御真影と「Nihon Banzai!」（日本万歳！）という大きな文字が躍っていた。私は言葉を失った。ポーランドの対日感情は並大抵のものではないことを思い知らされたのである。

その後も、ポーランド政府は、2011年（平成23年）に発生した東日本大震災で被災した岩手県と宮城県の子供たちを2週間もポーランドに招いてくれた。さらに2016年（平成28年）から、首都ワルシャワで開かれる養護施設児童のためのサッカーワールドカップにも、かつてポーランド孤児を受け入れて養護した東京の児童養護施設「福田会」の児童らが招かれるなど、100年前のポーランド孤児救出劇への〝感謝の応酬〟はいまも続いているのだ。

そして２０１８年10月１日、ワルシャワの国会施設で、日本・ポーランド両国の関係者が集い「シベリア孤児会議」なる盛大なシンポジウムが開かれ、この歴史的偉業が称えられたのだった。

さらにその翌月の11月20日には、ワルシャワ近郊に「シベリア孤児記念小学校」が誕生した。

なんとその校旗には、ポーランド孤児の小さな手を温かく包み込む大きな手＝日本をイ

写真提供／坂本龍太朗氏

昨年11月に誕生した「シベリア孤児記念小学校」。

写真提供／坂本龍太朗氏

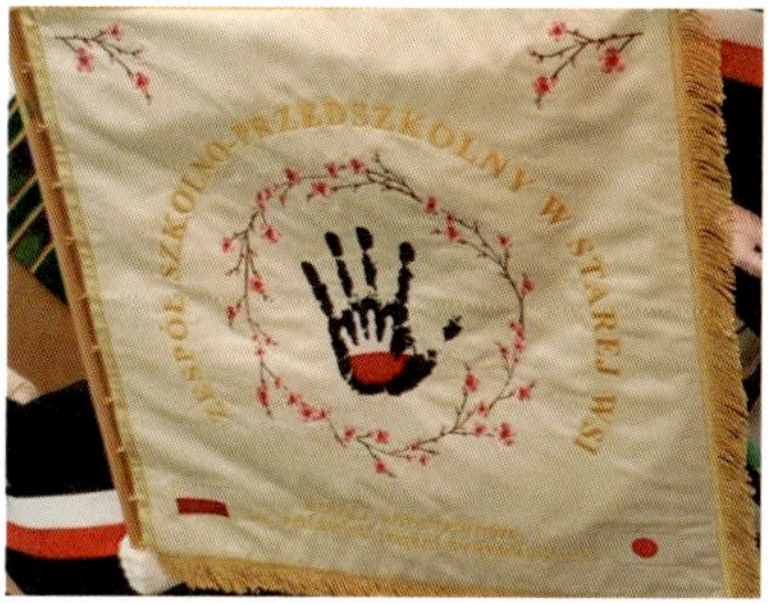

シベリア孤児記念小学校の校旗。

写真提供／坂本龍太朗氏

校内の様子。日本文化を学ぶ授業が設けられている。

メージしたデザインと「日の丸」が描かれているのだ。

しかもこの学校では、ポーランド孤児救出問題研究の大家である在ワルシャワ日本人ジャーナリスト松本照男氏とポーランド人ヴィエスワフ・タイス教授の共著『DZIECI SYBERYJSKIE』（シベリア孤児）の書籍の読み聞かせの他、折り紙や武道など日本文化を学ぶ授業が行われているから驚嘆する。

ポーランド人指導者と児玉源太郎

実は、日本とポーランドの絆は、孤児救出の前から、正確にいえば日露戦争（1904年）の頃から始まっており、第二次世界大戦中も日本とポーランドはずっと繋がっていたのである。

日本―ポーランド関係史の第一人者であるワルシャワ大学日本学科のエヴァ・パワシュ・ルトコフスカ教授の研究から、こうした日本ではほとんど知られていなかった史実が次々と明らかになってきたことに心から感謝し敬意を表したい。

ここに二人の偉人を紹介しておこう。

ポーランド社会党の活動家であったユゼフ・ピウスツキ（独立達成後の初代国家元首）は、日露戦争を機にロシアに対する武装蜂起を考えた。これに対して、ポーランド国民連盟の代表ロマン・ドモフスキは、武装蜂起には反対だが日本への支持を表明して可能な限りの連携を模索した。

　ピウスツキらは、日本軍と共にロシア軍と戦う決意をもって「ポーランド軍団」の創設を提案し、またロシア軍の中のポーランド人兵士の日本軍への投降、さらにシベリアにおける鉄道などへの破壊活動を日本に申し入れている。当時の極東地域のロシア軍の中には、多くのポーランド人兵士が含まれており、戦闘の重大局面におけるポーランド人兵士の離反は、ロシア軍にとって大きな痛手となったに違いない。

　その手法は違えども、ピウスツキもドモフスキも日露戦争をポーランド独立の好機と捉え、日本との連携を模索するため、それぞれが来日していたのだ。

　1904年5月から7月の間、日本に滞在したドモフスキは、参謀本部の児玉源太郎参謀本部次長および福島安正第二部長の両将に面会している。彼はポーランド人兵士に対しロシア軍からの離脱と日本軍への投降を呼びかける日本政府の声明文の作成にも携わった。ちなみにこのときのドモフスキの両将への面会を後押ししたのが、かの諜報戦の大家・明石元二郎大佐だった。

　注目すべきは、ピウスツキとドモフスキが共に

ピウスツキ将軍の銅像。日本軍を高く評価していた。

ポーランド人捕虜に対して特別に処遇してくれるよう日本に申し入れていることである。捕虜は四国の松山に収容されたが、ポーランド人はロシア人とは別の場所で特別に処遇された。そして彼らは捕虜でありながら、かなりの自由が認められていたようで外出時などには地元の人々から心温まるもてなしを受けたという。こうしたことに感銘を受けたポーランド人捕虜の日本への思いはいやがうえにも高まっていったことはいうまでもなかろう。

さらに明石元二郎大佐は、ポーランド人の武装蜂起を支援し、武器購入のための莫大な資金を提供し続け、ポーランドの独立を助けたのだった。

ピウスツキは、日本兵の士気の高さや将校の有能さを高く評価していたといい、ピウツスキが軍事功労勲章の委員会総裁だったときの1925年（大正14年）、目覚ましい戦功を上げた日本軍将校51名にポーランドの勲章授与を決定した（授与は1928年）。

ポーランドと日本の連携はその後も続く。

なんと日本軍は暗号技術をポーランド軍から学んでいたのだ。これはただごとではない。そもそも暗号技術は最高軍事機密であり、したがってこの技術を伝授するということは、ポーランドがいかに日本を信頼し、そして両国がどれほど緊密な関係にあったかを物語っている。

こうした軍同士の歴史的つながりから、日本陸軍内には親ポーランド人士が多かった。そのため、その意に反して第二次世界大戦で日本とポーランドが敵対する立場に追いやられても尚、日本軍とポーランド諜報機関との連携は続いたのだった。

我々日本人は、２０１９年の日ポ国交樹立１００年、そして２０２０年のポーランド孤児救援開始１００年を機に〝欧州一の親日国家〟ポーランドのことを知り、そして輝かしい日本の近現代史の真実を学ぼうではないか。

ワジェンキ公園の外にはユゼフ・ピウスツキ将軍の大きな銅像が建っている。

私は、ピウスツキ将軍の前に立って深く頭を垂れ、未来の日ポ友好を祈念したのであった。

参考文献
●エヴァ・パワシュ＝ルトコフスカ／アンジェイ・T・ロメル著『日本・ポーランド関係史』（彩流社）
●兵藤長雄著『善意の架け橋―ポーランド魂とやまと心』（文藝春秋）
●『歴史街道』（PHP研究所）平成26年3月号

祖国独立のために戦い命を落とした無名戦士の墓。

第5章 ソロモン諸島（ガダルカナル）
「日本兵は強かった」と語り継ぐ激戦地の人々

人々の口からは日本軍を称賛する言葉が飛び出した

「ソロモン人から、『なんで日本はあんなに強かったのに負けてしまったんだ』ということを聞きます。当時の戦いを見たお父さんやおじいさんから『日本人はソロモン人より小さいのによく戦っていた』ということを聞かされて育ったという人にも会いました。おそらくあの当時から、日本兵の方々は、ソロモン人に良い感情をもってもらえるよう、立派な態度で現地の方々に接しておられたんだろうなと思います」

ガダルカナル島で、活動する青年海外協力隊の女性隊員がこんな話をしてくれた。

南太平洋メラネシアに位置する島嶼国「ソロモン諸島」のガダルカナル島――首都ホニアラを置くこの島の名は、大東亜戦争における日米両軍の激戦地としていまも日本人の記

日本の開発援助で空港が整備されたことを示す記念碑。現地の人々から感謝されている。

ホニアラ国際空港を出ると目に飛び込んでくる日本軍の高射砲。

バラナ村にはいまも多くの日本軍将兵の遺品が展示されている。

憶に深く刻まれている。

そんな激戦地ガダルカナル島へ行くには、日本から一度パプアニューギニアの首都ポート・モレスビーまで飛び、そこで乗り換えが必要だった。

ガダルカナルの空の玄関口となるのがホニアラ国際空港だ。

実はこの空港、元は日本軍によって設営された「ルンガ飛行場」で、米軍が奪取したのちは、「ヘンダーソン飛行場」となり、日本軍が再び奪い返そうと兵力を投入し続けた最大の戦略目標だった。つまりこの飛行場を巡る日米両軍の攻防戦が〝ガダルカナルの戦い〟なのである。

そんなホニアラ国際空港を出ると、日本軍の野戦高射砲が出迎えてくれる。

空港からマイクロバスでホニアラの中心部へ向かうと、沿道を歩く子供たちが陽気に手を振ってくれた。屈託のない笑顔がまぶしい。往来する人々の笑顔や平和な暮らしぶりを見ていると、ふと、かつてこの地で日米両軍が熾烈《しれつ》な戦闘を繰り広げたことを忘れてしま

「餓島」と呼ばれた島とは思えない、現在の市民生活。

ホニアラ国際空港はかつての日本軍のルンガ飛行場。

いそうになる。

そんなガダルカナルの人々の対日感情やいかに。

話を聞いてみると、おおかたの予想を裏切ってこの島の人々の対日感情はすこぶる良い。それどころか人々の口からは日本軍を称賛する言葉が躊躇《ためら》うことなく飛び出してくるのに驚かされた。

この島を巡る日米両軍の戦いは、1942年（昭和17年）7月6日に、日本海軍の設営隊が上陸してルンガ飛行場を建設したのが始まりだった。

激戦地アウステン山にある日本平和慰霊公苑に建つ慰霊碑。

この日本軍の動きを察知した米軍は、翌月の8月7日に1万1000人からなる第一海兵師団を送り込んで飛行場を奪取する。その後、日本軍は飛行場を奪還すべく兵力の逐次投入を続けたが、圧倒的物量を誇る米軍を前に劣勢を挽回することはできず、損害は増える一方であった。

以後、1943年（昭和18年）2月7日にタンベア海岸から撤退が完了するまでに約2万2000人の日本軍将兵が戦死した。だが、その内のおよそ1万5000人が戦病死や餓死だったといわれている。

補給が重要視されなかったこの戦いでは、前線の兵士たちは食料もないまま戦い続け、その弱った体にマラリアなどの疫病が追い打ちをかけ、数多の将兵が斃《たお》れていったのである。

それゆえに、ガダルカナル島には、「飢餓」の「餓」の文字が充てられ「餓島《がとう》」とも呼ばれた。

そんなガダルカナルには、島内各地に数多くの慰霊碑が建立されている。

中でも日米両軍の大激戦地アウステン山に造られた「日本平和慰霊公苑」には、ソロモン諸島最大の戦没者慰霊碑があり、ここからは、日本海軍と米海軍が三次にわたって死闘を繰り広げたソロモン海を一望することができる。

この海域には、夥《おびただ》しい数の両軍艦艇が沈没しており、主戦場となった島の北西海上に浮かぶサボ島周辺海域はそれゆえに「アイアンボトム・サウンド」（鉄底海峡）と呼ばれているのだ。

黙禱――私は日米両軍の将兵に哀悼の誠を捧げた。

慰霊碑は地元の人々がきれいに整備してくれていた

そしてかの一木支隊玉砕の地へと向かった。

米軍の手に陥ちた飛行場を奪還せんと送り込まれた一木清直陸軍大佐率いる900名が玉砕した海岸付近には「一木支隊奮戰之地」と刻まれた立派な慰霊碑が建立されている。

胸が熱くなった。この慰霊碑は１９９２年（平成４年）に戦友や遺族によって建立されたものだが、英語でも碑文が刻まれており、世界に向けてしっかりと一木支隊の勇戦奮闘の史実が発信されていたのだ。

一木支隊は勇猛な突撃を敢行したものの、待ち伏せしていた米軍の猛烈な砲火に阻まれて次々と倒れていった。その現場となったイル川の河口付近の風景は、当時の写真のままであり、目をつむれば寄せ来る波と共に一木支隊の鬨《とき》の声が聞こえてきそうだった。

私は、かつての一木支隊の将兵の状況を追体験すべく砂浜を駆けてみた。すると靴が砂

一木支隊の顕彰碑。

一木支隊が突撃したイル川河口付近。この海岸で一木支隊は全滅した。

にめり込んで思うように進めない。砂に足を取られてしまうのだ。重い小銃を抱え、手榴弾と小銃弾を身に着けての夜間突撃はさぞや難儀したことだろう。

アリゲーター・クリークと呼ばれるイル川河口付近は、人の気配のない静かな海岸だが、海からの風と寄せ来る波の音が耳朶《じだ》に響く。

脳裏に『海ゆかば』が流れ始めると、眠るように砂浜に横たわる兵士たちのかの壮絶な光景が瞼《まぶた》に浮かび上がってきた。

筆舌に尽くせぬ思いがこみ上げ、私は砂浜にひざまずいた。

〝ありがとうございました！〟

そしてかつて一木支隊がこの場所で打ち振ることができなかった日章旗を掲げ、この地で散華された英霊に感謝の誠を捧げたのだった。

一木支隊の慰霊碑は他にもあった。

実は、一木支隊が上陸したタイボ岬付近のテナル教会脇にも慰霊碑が建立されており、いずれもが地元の人々によってきれいに整備されている。

そして日本軍が撤退していった海岸にも慰霊碑が建立されていた。

うっそうと茂った熱帯雨林が海岸のすぐ近くまで迫るタンベアの海岸には、第二師団勇会が建てた「ガ島戦没者慰霊碑」がある。

同じく撤退が行われたエスペランス岬には、「ヨシモリ戦争記念碑」なる慰霊碑がある。

「ヨシモリ」とは、エスペランス岬からの撤退時にこの浜で亡くなった兵士の名前なのだそうだ。

大きな木の根元部分に石で囲われた祭壇のような場所があり、そこには日本軍の銃剣や鉄兜などが置かれ、鉢植えの花が添えられていた。そして日本からやって来た慰霊団が置いていったのだろう、小さな塔婆がいくつも立てかけてあった。

私は、靖國神社の御神酒を祭壇に注いで手を合わせた。

すると地元の人々が集まってきた。

子供たちははしゃぎながら走り回り、上半身裸の元気な子供たちが、来訪者を歓迎してくれたのだった。声をかけると照れながら挨拶する子供もいれば、木の影にかくれて様子を窺《うかが》う子供もいる。

日本から持ってきた御供え物の金平糖《こんぺいとう》を子供らにあげると皆はたいそうよろこんでくれた。

１歳ぐらいの幼い弟をだっこする小さなお姉ちゃんにもあげると、まずはその金平糖を右手に抱いた弟の口に運んでやるのだった。先に小さい子に与えるその姿がいじらしかった。お姉ちゃんにもう一つあげると、やっと嬉しそうに自分の口に運んで笑みをこぼした。

遺骨は自衛官の胸に抱かれて日本に帰国

日本軍将兵の慰霊碑は山中にもあった。

激戦地「ギフ高地」には、勇戦敢闘しながら玉砕した岡明之助大佐率いる岡部隊の慰霊碑が建立されている。

この台地には、いまもタコツボ陣地があり、周囲には薬莢《やっきょう》や炸裂した砲弾の破片が散乱しているので戦闘がつい昨日のように思えた。

だがそれだけではない。

ガダルカナル島ではいまも数多くの日本軍将兵の遺骨が、道路工事現場や建設現場、ジャングルなどで発見されているのだ。

私が訪れたときも、2日前に発見され収容されたという日本軍将兵の遺骨に対面した。

遺骨を収容してくれたのは、ギフ高地にあるバラナ村のウィリー・ベシー村長だった。

「この遺骨は、先週の金曜日に私の息子ジョンがアラブクリークという場所で見つけました。そして私がここに運んで保管しております。遺骨と一緒に2つの鉄兜と水筒、それに認識票が見つかりました。それでこの遺骨が日本陸軍の兵士であることが確認できたんです」

地元の人々は、こうして日本軍兵士の遺骨や遺品を収容してくれているわけだが、もし彼らが日本を恨んでいたらそんなことをしてくれるだろうか。絶対にありえない。さらに

バラナ村のベシー村長と。取材の2日前に遺骨を収容してくれた。

彼らは遺骨を日本の遺骨収集団に引き渡すまで大事に保管してくれているのだから〝感謝〟以外の言葉は見つからない。

現在、「全国ソロモン会」やＮＰＯ法人「ＪＹＭＡ日本青年遺骨収集団」などの民間団体が来島して遺骨収集を行い、全国ソロモン会の慰霊碑があるコカンボナ村で荼毘《だび》に付した後に、日本政府が千鳥ヶ淵の戦没者墓苑に持ち帰っているという。

当時、全国ソロモン会の理事としてこの島で遺骨収集をしていた西冨謙太郎氏はいう。

「私がガ島に来てはじめて丸山道（＊１）に足を踏み入れて発見した最初の３柱の御遺骨

ギフ高原にある岡部隊の慰霊碑。

ギフ高地から遠く日本兵が上陸した海岸が見える。

ガダルカナル島の北岸、タサファロング岬に座礁したままの輸送船「鬼怒川丸」。

にはたいへん思い入れがあります。その後2柱を発見して合わせて5柱を収容したのですが、そのときはたいへん重圧を感じました。どこに安置してよいかわからず、自宅の寝室に安置して祭壇を設けて御遺骨と寝起きを共にしたんです」

話を聞いたときも、西冨氏は自宅に33柱の遺骨を保管しているとのことだった。

2014年（平成26年）、戦没者の遺骨137柱が、戦後初めてホニアラに寄港した海上自衛隊練習艦隊に引き渡され、海上自衛官の胸に抱かれて祖国日本へ帰国した。

20年以上もこの地で暮らすキタノ・メンダナホテルの総支配人・山縣雅夫氏はいう。

「海上自衛隊の艦艇がガダルカナル島の港に入ってきたのは戦後初めてです。この式典には100歳になる元兵士の方も参列されており、戦友の御遺骨が艦艇に運び込まれるときは感動で泣き崩れられ、床に伏しておられました。それを見ていた参列者も涙しておられました。本当に感動的で素晴らしい御遺骨の引き渡し式でした」

またこの式典に参加した前出の西冨氏はいう。

「感無量でした。旭日旗がソロモン海にはためいているのを見たとき、目頭が熱くなりました」

「ジャパニーズアーミーは強かった」

激戦地「ムカデ高地」には、第二師団の「ガ島戦没者慰霊碑」が建立されている。

激戦地ムカデ高地で出会った子供たち。年長の少年は「日本の兵隊はみな勇敢で本当に強かったよ」と語った。

飛行場奪還を試みた第二師団が奮戦した場所だ。高地からは、左手にルンガ川、そして正面には飛行場が見える。

往時を思い感慨に耽《ふけ》っていると、麓《ふもと》の村から子供たちが集まって来た。

人懐っこい笑顔の子らに聞いてみた。

「君は学校で第二次世界大戦の歴史を学んだ？　日本兵についてどのような考えを持っているの？」

すると年長の少年が応えてくれた。

「日本の兵隊はみな勇敢で本当に強かったよ」

よもやこの地で、子供からそんな言葉を聞けるとは思ってもみなかった。ガダルカナルの学校で、あるいは家庭でそのように教育しているのであろう。ガダルカナルでは、日本軍は憎しみの対象ではなく、いや、それどころか、その戦いぶりが高く評価されていたのである。

日米両軍が激しい戦闘を繰り広げたガダルカナル島で、日本軍がそのように評価されていたとは正直いって驚きだった。青年海外協力隊員としてこの島で活動する若い日本人男性の一人もこう証言する。

「現地の人からは、『食糧が無い中、あれだけアメリカ軍に徹底抗戦したジャパニーズアーミーは強かった』という話をよく聞きます」

戦後、その悲惨な戦いが槍玉に挙げられ、負の側面だけが語り継がれてきたガダルカナルの戦い。だが日本軍将兵は強靱な精神力と至純の愛国心をもって戦い、そしてその武勇はいまでも地元の人々に畏敬の念をもって語り継がれていたのだ。そしてこのことが日本への尊敬に繋がっていることを忘れてはならない。

地元の青年、デイビット氏は親指を立てながら満面の笑顔でいう。

「もし日本があの戦争に勝っていたなら、ソロモンはもっと発展していたよ！」

またマキラ・ウラワ州のカワヤブ村からガダルカナル島にやって来て、ホニアラ国際空港で勤務する職員の一人はこう語った。

「戦時中にお亡くなりになった日本の将兵に対しても我々は敬意をもっております。そして戦後も日本政府は、私たちの村だけでなく他の村や島々を支援してくれて、あらゆる形でソロモン諸島と人々に貢献してくれています。

私たちは、日本人に出会うたびにそのことを思い起こしています。だから我々はいつも日本人を歓迎しております。ソロモン諸島に来て、歴史を知って下さい。ここで亡くなった日本の兵隊さんの慰霊をして、文化に触れ、そして人々と接して楽しんでくれることを心から歓迎します」

戦後の日本人はなにか大切なものを見失っている。

＊1　飛行場奪還のために正面から突撃した一木支隊は待ち伏せにあったため、次に第二師団は飛行場の背後をつくようにジャングルに道を切り開いた。師団長・丸山政男中将の名前にちなんで「丸山道」と呼ばれる。

ガダルカナル島西部にあるビル村の戦争博物館に展示された日本軍野砲。

米軍F4Fワイルドキャットの残骸（ビル村戦争博物館）。

第6章 マルタ
地中海で活躍した特務艦隊は「英雄」として称えられた

イギリスの要請で連合国の輸送船を護衛

マルタ共和国――イタリアのシチリア島と北アフリカのチュニジアの間に浮かぶ人口43万人の地中海の小さな島国である。

中世の街並みがそのまま保存されており、とりわけ騎士団長ジャン・パリゾ・ド・ラ・ヴァレットによって築かれた城塞都市は見る者を魅了してやまない。

堅牢な城壁と堡塁に囲まれた城塞都市である首都バレッタは、街そのものがユネスコの世界文化遺産に指定されており、中世から時間を止めた美しい街並みをひと目見ようと世界中からやって来る観光客で年中賑わっている。

かつて〝イタリアの見晴台〟と呼ばれ、イタリア騎士団の休息地であったアッパー・バ

かつて第二特務艦隊が停泊していたグランド・ハーバー。

ラッカ・ガーデンから眼下に広がる主要港グランド・ハーバーを見渡せば、その壮大なパノラマに息を呑み、絶景に言葉を失うことだろう。

実は、このグランド・ハーバーは、かつて第一次世界大戦において日本海軍の特務艦隊が拠点とした港でもあったのだ。

1914年(大正3年)6月28日、オーストリア皇太子がセルビア人青年に暗殺された「サラエボ事件」を発端として、翌月の7月28日に史上最大の第一次世界大戦が勃発した。

連合国側には、大英帝国、フランス、ロシア帝国、イタリア王国、大日本帝国そしてアメリカなど多くの国々が参加し、対する中央同盟国側にはドイツ帝国、オーストリア＝ハンガリー帝国、オスマン帝国、ブルガリア王国が立った。

日本は日英同盟に基づいて参戦し、ドイツの植民地であったマリアナ諸島やパラオなどを占領、さらに青島でドイツ軍と戦った。

　そして1917年（大正6年）1月、日本は、同盟国イギリスからの強い要請に応じて、地中海などへの艦隊派遣を決定したのである。その任務は、ドイツ・オーストリアの潜水艦から連合国の輸送船を守るという船舶護衛だった。

　こうして3つの「特務艦隊」が編成され、地中海に派遣されたのが、佐藤皐蔵《こうぞう》少将率いる第二特務艦隊であった（ちなみに第一特務艦隊は、英領シンガポールを拠点として東南アジアおよびインド洋の通商保護を担い、その一部はアフリカ南端のケープタウンに派遣されている。第三特務艦隊は、編成後半年ほどで第一特務艦隊に編入された）。

　当初、第二特務艦隊は、巡洋艦「明石」（のちに「出雲」に交代）を旗艦とし、松下芳蔵中佐が司令を務める第十駆逐隊の駆逐艦「梅」「楠」「桂」「楓」と、横地錠二中佐を司令とする第十一駆逐隊の駆逐艦「松」「榊《さかき》」「杉」「柏」の計9隻（のちに桃型駆逐艦4隻が増派された）で編成されていた。

　艦隊に課せられた任務は、マルタ島を根拠地として、イギリス海軍および連合国海軍と連携しながら、地中海におけるオーストリア＝ハンガリー帝国およびドイツ帝国の潜水艦Uボートの攻撃から船舶を護衛し、被害を受けた船舶の乗員の救助を行う——つまり〝エスコート〟（船舶護衛）と〝レスキュー〟（海難救助）だった。

　当時、地中海にはドイツとオーストリア合わせて約40隻もの潜水艦が潜んでいたとみられ、1916年（大正5年）の下半期だけで250隻以上もの船舶が潜水艦による攻撃の犠牲になっており、その被害は増える一方だったのである。

イギリス下院で「バンザイ」を唱和

1917年（大正6年）2月、佐世保などから出港した駆逐艦は、その2か月後の4月13日にマルタのグランド・ハーバーに入港した。

第二特務艦隊の護衛ルートは、マルタを拠点に、エジプト、南フランス、ギリシャ、イタリアなど地中海の各港を結ぶ航路であった。

4月24日、第二特務艦隊に英輸送船トランシルバニア号の護衛任務が与えられ、その

佐藤皐蔵少将。
駆逐艦「榊」。

第二特務艦隊が護衛したトランシルバニア号。

ドイツ軍の魚雷（海事博物館）。

2日後、駆逐艦「松」と「榊」は、同船を護衛して南フランスのマルセイユを目指して出港した。その目的は、そこで陸兵と武器を積載し、アレキサンドリアに届けるためだった。

そして5月3日、「松」と「榊」は、満載のトランシルバニア号を護衛してマルセイユを出港した。

だが翌日午前10時20分、イタリアのサボナ沖で敵潜水艦の放った一本の魚雷がトランシルバニア号の左舷後方に命中したのである。

「松」と「榊」は、トランシルバニア号のもとに駆けつけ、ただちに救助活動を開始。「榊」は敵潜水艦を索敵し、「松」はトランシルバニア号に横付けして乗員の救助にあたった。そしてトランシルバニア号の甲板にいた兵士らの約半数が「松」の甲板に乗り移ったそのとき、さらにもう一発の魚雷がトランシルバニア号に命中したのだった。

すでに800名を超える乗員を救助していた「松」は、すみやかにトランシルバニア号を離れて、今度はそのまま敵潜水艦に対する攻撃を開始した。そして「松」と交代で、それまで敵潜水艦への索敵と攻撃を行っていた「榊」がすかさずトランシルバニア号の左舷に横付けし、残りの乗員の救助に当たったのである。

これはイギリスをはじめ各国海軍では考えられないことだった。魚雷攻撃を受けた船に横付けして救助活動を行えば、その艦も敵潜水艦のターゲットになるからだ。だが日本海軍は危険を顧みず、人命救助のために捨て身の救助活動を実施したのであった。

こうして「松」と「榊」は、イタリア駆逐艦などの協力を得て、トランシルバニア号の乗員3266人の内、約3000人を救助したのである。さらに救助された多数の乗員に対して、「松」と「榊」の乗員は自らの食糧も衣料をも差し出して手厚く看護したのだった。

2発の魚雷が命中したトランシルバニア号は沈没したが、敵の攻撃にさらされながらも沈没する艦船からその乗員のほとんどを救助したという海難救助の例は他になく、この偉業は世界海事史上に燦然と輝く一大事であった。

救助を終えた両艦がイタリアのサボナ港に救助者を送り届け、休息のために乗員が上陸すると、人々から「英雄」として大歓迎を受けたという。感動的な救助活動の噂が、すでにサボナの港町に広まっていたのだ。

そして5月6日、「松」と「榊」がサボナからマルタに向けて出港するとき、救助されたイギリス軍兵士や市民らが港に詰めかけ、軍艦旗をなびかせて威風堂々と出港してゆく2隻の日本艦に、人々は感謝の言葉を投じて手を振って別れを惜しんだという。

「松」の乗組員だった片岡覚太郎中尉はその感動の様子をこう記している。

《港口の鎖《し》まらぬ前にと、六時半に水先案内人《パイロット》が来る。七時に榊がまず出て、松も次いで

地中海における第二特務艦隊。

写真提供／池田武邦氏

マルタに停泊する日本帝国海軍の駆逐艦。

写真提供／池田武邦氏

出港、海岸には救助された英國の陸兵が黒山のように集まって別を惜しむ。陸の方を見ると、海岸の通、山際《やまぎわ》の高い道、二階、三階の窓、縁側《ヴェランダ》、悉《ことごと》く人をもって満たされ、帽を振

第一次世界大戦を再現したデモンストレーション。

り、手巾《ハンケチ》を振り、心なき子供まで手を挙げて出港に景気を添える》(『日本海軍地中海遠征記』河出書房新社)

もちろん、今次のトランシルバニア号救助の一件は、大ニュースとしてたちまちイギリス国内を駆け巡り、大日本帝国海軍の名は再びイギリスはおろか世界中に轟いたのである。かつて世界最強のロシアのバルチック艦隊を撃ち破って世界中を驚かせた日本海軍が、今度は地中海での見事な救助活動で世界の人々に感動を与えたのだった。

この日本海軍の武勇と偉業にイギリス国内は沸き立ち、当時海軍大臣だった後の首相ウィンストン・チャーチルからマルタの特務艦隊司令部に感謝の電報が届けられた。

さらにイギリス国王ジョージ5世はそ

の人命救助の功績をたたえ、駆逐艦「松」「榊」の横地錠二中佐以下の士官7人、下士官20人に勲章が授与されたのである。

なにより、驚くべきは、封鎖大臣ロバート・セシルが地中海における日本海軍の偉業と功績をイギリス下院で報告するや、議場は歓呼と拍手に包まれ、期せずして日本語で「バンザイ」が唱和されたという。

その後も日本艦隊は、洋上にて敵潜水艦を発見するや、爆雷攻撃を行い、敵の魚雷を受けて航行不能になった輸送船があれば、敵潜水艦と交戦しながら身を挺して救助活動にあたった。あるいは護衛する輸送船に直進してくる魚雷の盾となって守り通した。日本海軍は、他国には真似のできない〝挺身護送〟を行ったのである。

各国海軍は、そんな日本海軍の勇猛果敢な護衛の姿にいたく感銘し、そして畏敬の念を抱いたという。第二特務艦隊は、いつしか〝地中海の守護神〟と呼ばれるようになった。

輸送船の船長の中には、日本艦隊の護衛がなければ出港しないといい出す者もあったというから信頼の高さを窺《うかが》い知ることができよう。こうして第二特務艦隊に護衛の依頼が殺到し、司令官・佐藤少将は各国から勲章を授与される名誉に浴したのだった。

こうして日本艦隊は、1918年（大正7年）11月までに、実に348回出撃して、788隻の輸送船や病院船などを護送し、兵員70万人の輸送を助けた。そして敵潜水艦の攻撃を受けて海に投げ出された連合国の兵士や看護婦で救助された者は約7000人にのぼったのである。

大日本帝国第二特務艦隊戦死者之墓。

カルカーラにある英連邦戦没者墓地。

旧日本海軍戦没者墓地は英連邦戦没者墓地の中にある。

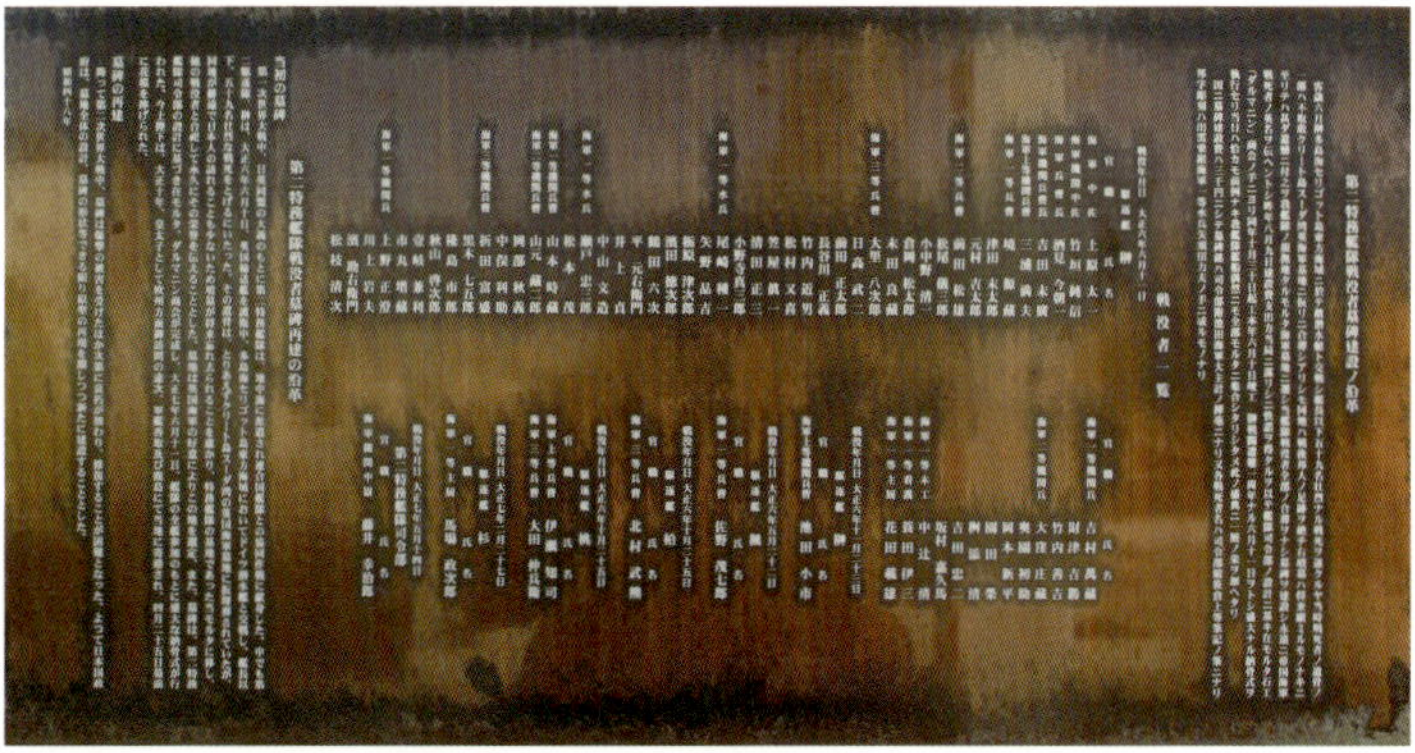

墓石の側面には戦死者の名を記したプレートがあった。

マルタでの活躍を日本人は忘れてしまった

1917（大正6年）5月29日、「松」「榊」に、イギリス病院船と商船を、マルタ島からクレタ島へ護衛する任務が与えられた。

両艦がこの病院船を無事クレタ島に送り届けるや、引き続きこの船を、ギリシャのサロニカまで護衛してほしいとの要請がきた。その追加ミッションをこなしてマルタへ帰還する途上で武勲艦の「榊」を悲劇が襲った。

6月11日、アンティキティラ海峡で「榊」が、敵潜水艦から魚雷攻撃を受けたのだ。その結果、前部火薬庫が大爆発を起こして、艦橋から前部艦体が吹き飛ばされてしまったのである。

この攻撃で、艦橋にいた艦長の上原太一中佐、機関長の竹垣純信中佐のほか、准士官2名、下士官28名、水兵27名の合計59名が戦死し、重軽傷者は16名に上った。

戦死者は、クレタ島の英海軍墓地に仮埋葬された後、一周忌にあたる1918年（大正7年）6月11日に、マルタ島のカルカーラにある〝Commonwealth War Graves〟（英連邦戦没者墓地）に埋葬された。

いまもこの墓地の入り口には、「旧日本海軍戦没者墓地　1914―1918 Japanese War Graves」という黒い石版が掲げられている。

厳かな墓地には、様々な形状の墓石や墓標がところ狭しと並び、戦没者を悼む赤いポピーの花輪が捧げられている。そしてオリーブなど地中海地方独特の木々が風に揺られて擦れる音が、この墓地を訪れる参拝者を賑やかに迎えてくれる。

私は、視界に入る墓石に心を込めて目礼し、鎮魂を祈りつつ奥へと進んだ。

石版が案内する旧日本海軍戦没者墓地は、この英連邦戦没者墓地の中の一等地にあった。

「大日本帝国第二特務艦隊戦死者之墓」

ひときわ大きな四角錐の墓石に刻まれたその文字が目に飛び込んできたとき、万感胸に迫り、こみ上げる感動が頬を伝ったのだった。

桜を象《かたど》った装飾金具がはめ込まれた石柱が墓石を取り囲み、質素ではあるがどの墓石よりも威厳がある。そして石碑の側面には、乗艦していた艦艇名と共に、78名の戦没者の官氏名と戦没年月日を刻んだ銅版がはめ込まれていた。実のところこの墓石は、第二次世界大戦においてドイツ軍の爆撃で被害を受け、さらに老朽化のため、１９７３年（昭和48年）に再建されたものだという。

私は、聳《そび》え建つ墓石に靖國神社の御神酒を恭《うやうや》しく注ぎ、墓参した者全員で国歌『君が代』と『海行かば』を奉唱した後、深く頭を垂れて78柱英霊に感謝と鎮魂の誠を捧げたのだった。

私がマルタに行くきっかけを作ってくれたのは、作家C・W・ニコルさんだった。

「井上さん、是非ともマルタに行ってください！　そしてこの事実をたくさんの日本人に伝えてください！

第一次世界大戦のとき、日本海軍と英国海軍はすごく仲が良かったんですよね。日本と英国の日英同盟がありましたからね。

当時、オーストラリアやインドなど大英帝国の兵隊を輸送船で地中海のアレキサンドリアまで運び、またマルセイユに運ぶ間にドイツとオーストリアのUボートに攻撃され、もの凄い数の犠牲者が出ていました。その英国が一番苦しんでいた時、同盟国の日本が英国の輸送船を守るために地中海に特務艦隊を派遣したんです。その歴史が忘れられているんですよ。日本海軍の特務艦隊はとても勇敢に戦っただけでなく、海に投げ出された6000人以上の人々を救助し、そして75万人を無事にエスコートしたのです。彼らはとても優秀で勇敢でした。

その話を聞いて、僕はとにかくマルタに行かなくてはダメだと思って訪れたのです。そしてマルタで、その話が本当だったと、確かめることができました。そりゃ感動しましたよ。こういう歴史を日本人は忘れてはいけません！」

C・W・ニコルさんのこの慫慂《しょうよう》によって、私は、第一次世界大戦勃発から100周年にあたる2014年（平成26年）にマルタ共和国へ飛んだのだった。

そして第一次世界大戦終結の100周年にあたる2018年（平成30年）に再びマルタを訪れ、カルカーラの大日本帝国第二特務艦隊の墓前で、78名の戦没者に感謝の誠を捧げ、御霊と共に戦勝を祝ったのだった。

「この栄光の歴史に再び陽の光があたるよう、しっかりと語り継いでまいります！」

墓前で私はそう誓った。

忘れ去られた日本近現代史の栄光の記憶――地中海で大活躍した大日本帝国海軍第二特務艦隊――そのことによって日本は世界の5大国に列せられ、欧米列強諸国と肩を並べる一等国となったのである。

日本は第一次世界大戦で連合軍の勝利に大きく貢献した〝戦勝国〟だった――そんな歴史を忘れていないか！

参考文献
●片岡覚太郎著『日本海軍地中海遠征記』（C・W・ニコル編・解説／河出書房新社）
●C・W・ニコル著『遭敵海域』（文春文庫）
●『歴史群像』No.36　森山康平「帝国海軍地中海遠征記」（学習研究社）

歴史を感じさせる美しいバレッタの街並み。

第7章 フィリピン
神風特攻隊を称賛し尊敬する理由

子供たちは手作りの日章旗を打ち振った

「フィリピンにも〝英雄〟はたくさんいます。ですから私たちも神風特攻隊という日本の〝英雄〟をたいへん尊敬しています」

2000年（平成12年）10月25日、ルソン島タルラック州バンバン村で行われた神風特攻隊の慰霊祭に参加していた地元サン・ロック高校の女子学生たちからこんな言葉が飛び出した。

そして引率の男性教師は、「こうした歴史教育を通して、子供たちに国を守ることの大切さを知ってほしいのです」と語ってくれたのだった。

驚くべきことに、フィリピンでは神風特別攻撃隊が称賛され、そして尊敬を集めていた

タルラック州バンバン村で行われた神風特攻隊慰霊祭に子供たちが日の丸とフィリピン国旗を手に続々とやって来た（2000年10月）。

のである。
1944年（昭和19年）10月25日、関行男大尉率いる「敷島隊」の零戦5機が、ルソン島マバラカット基地から発進し、米艦隊に体当たり攻撃をかけて護衛空母「セント・ロー」を撃沈するなど大戦果を挙げた。後の世にその名を轟かせる「神風特別攻撃隊」がここに誕生したのである。

同じ日、「敷島隊」の攻撃に先立ってルソン島ダバオ基地を出撃した「朝日隊」（2機）、「山桜隊」（2機）、「菊水隊」（2機）に加え、セブ島から出撃した「大和隊」（2機）が、多大な戦果を上げたほか、マバラカット基地からも「彗星隊」（1機）と「若桜隊」（4機）が米艦隊に突入を敢行したのだった。

こうして合計18機（他、直掩機《ちょくえんき》11機）

バンバン村慰霊祭でサン・ロック高校の学生に囲まれる当時30代の筆者（2000年10月）。

の特攻機が出撃し、護衛空母「セント・ロー」撃沈のほか、護衛空母「サンチー」「スワニー」「カリニン・ベイ」の3隻を大破させ、護衛空母「サンガモン」「ペトロフ・ベイ」「キトカン・ベイ」などに損害を与えたのである。さらに、この攻撃によって米軍は艦載機１２８機を損失し、米軍の戦死・行方不明者は１５００名、戦傷者１２００名を数えた。

日本軍は大戦果を挙げていたのである。

そして現在、フィリピンでは敷島隊が出撃した10月25日に、日本からの慰霊団に加え地元フィリピンの人々も参加して特攻隊の慰霊祭が執り行われていることをご存じだろうか。

かくいう私も、実際に慰霊祭に参加するまでそのことを知らなかった。

先のバンバン村における慰霊祭が終了し、慰霊団を乗せたバスがいままさに村を去ろうとしたとき、驚くべきことに子供たちの一団が「日の丸」とフィリピン国旗を打ち振りながら慰霊祭の会場に続々と押し寄せてきたのだった。

もう感動で言葉にならなかった。日本からやってきた慰霊団の人々はこの衝撃的な光景に胸を詰まらせ、そして頬を濡らした。

手作りの日章旗をその小さな手に握り締めた子供たちの行列は延々と続いたのである。

いったいこれはどういうことなのか……。

マニラ市内はスペイン統治時代の名残を感じる。

日本の統治を受けた台湾がうらやましい

大東亜戦争で日米両軍の決戦場となったフィリピンでは一般市民に多くの死傷者が出た。そんな歴史からこの国の対日感情は決して良いとはいえないだろうと思い込んでいただけに、私はその光景に目を疑いそして言葉を失った。

その秘密はフィリピンの被侵略の歴史にあった。

フィリピンは16世紀から300年以上もスペインの植民地であり続けた。こうしたことから各地にスペイン調の建物などが残されており、また、フィリピン人の名前には「マルコス」や「サントス」などスペインを源流とするものが多く、スペイン支配の影響で国民のおよそ8割がカトリック教徒だという。

マニラ旧市街のイントラムロスにあるバロック様式のサン・アグスティン教会などは、16世紀に建てられたフィリピン最古の教会で、外観はもとより内部もまさにヨーロッパの教会そのものだ。また教会周辺には瀟洒《しょうしゃ》な石造りの建物や石畳の道などもあり、スペインが自国の文化と宗教をまるごとこの地に移植してきたことがよくわかる。

ところがフィリピンは1898年、太平洋に進出してきた新興の覇権主義国家アメリカとスペインとの「米西戦争」の結果、今度はアメリカの植民地となった。独立運動家エミリオ・アギナルドがフィリピンの独立を宣言したにもかかわらず、アメリカはスペインに代わって宗主国に収まったのだ。

　そんな歴史的経緯もあって、アメリカによる植民地支配を経験した年配者の対米感情には複雑なものがある。

　地元のマリオ・ピネダ氏は、フィリピン人は白人国家間の覇権争いの犠牲者だという。

「アメリカは、アジアにおける唯一の植民地フィリピンを徹底的に弾圧しました。アメリカの国旗に頭を下げない人々は皆グアム島に送られたんですよ。グアム島の人口の30％がフィリピン系である理由にはこうした歴史的背景があります」

　さらにピネダ氏はこう語るのだった。

「かつて日本の統治を受けた台湾や韓国を見てください。立派に経済的な繁栄を遂げているでしょう。これは日本の〝教育〟の成果です。ですが、アメリカの統治を受けたフィリピンでは、人々は鉛筆すら作ることができなかったのですよ。アメリカが自分たちの作ったものを一方的にフィリピンに売りつけてきたからでした」

　自由・平等・民主主義を謳《うた》いながら、その一方でアメリカは植民地フィリピンに対して愚民化政策を行ったのだ。だからこそ同じ黄色人種の日本人が、それまでの支配者であった白人を打ち負かしたことを称賛し、大東亜戦争に共感した人が多かっ

客観的な視点で日本を称賛したマリオ・ピネダ氏。

ダニエル・ディゾン画伯と「敷島隊」の肖像画。

たのだろう。

　なるほど、神風特攻隊敷島隊が飛び立ったマバラカット飛行場の見えるリリーヒルで執り行われた特攻隊慰霊祭で知り合った、当時70歳のダニエル・ディゾン画伯（故人）はこんな話をしてくれた。

「いまから35年前に私は神風特攻隊の本を読んで涙がとまらなかったのです。こんな勇気や忠誠心をそれまで聞いたことがなかったからです。同じアジア人としてこのような〝英雄〟がマバラカットと私の町アンヘレスで誕生したことを誇りに思っています」

　この〝神風特攻隊はフィリピンで誕生した〟という地球大のダイナミックなフィリピン人の歴史観に、私は、突如平手で頬をひっぱたかれたような衝撃を受け、そして覚醒させられた。

特攻隊は日本だけのものではなかったのだ。

日本軍人による肉弾攻撃であったが、確かに神風特別攻撃隊はフィリピンで誕生した。

私はあらためてこの真新しい歴史観に胸を揺さぶられたのだった。

日本がアメリカを駆逐して独立を果たした

実はこのディゾン画伯が１９７４年（昭和49年）に当時のマバラカット市長に進言したことがきっかけで神風特攻隊の慰霊碑が建立されたのである。

画伯宅には“カミカゼ・ミュージアム”が設けられている。

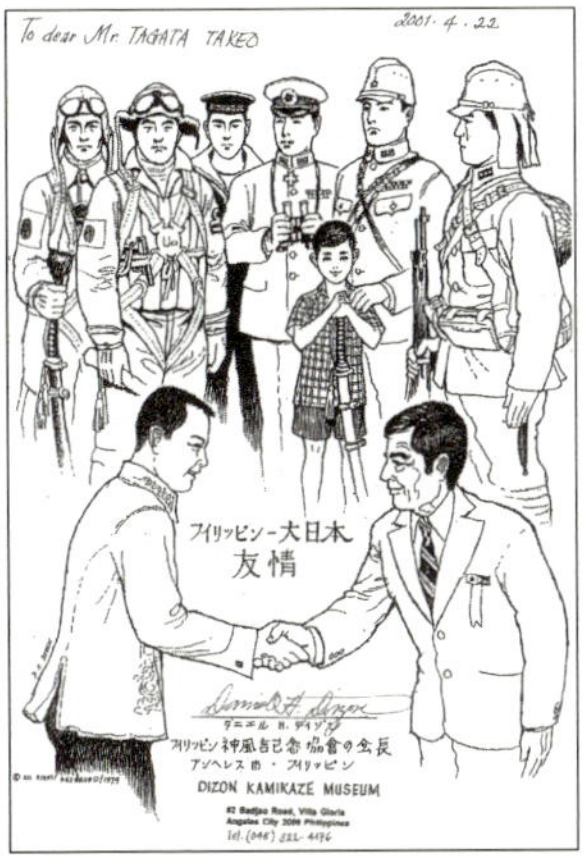

ディゾン画伯が描いた日比の友情。

ディゾン画伯に取材する若き日の筆者（2000年10月）。

ディゾン画伯は、自らKamikaze Memorial Society of Philippines（フィリピン・カミカゼ記念協会）の会長となり、特攻隊を顕彰するとともに自宅に「カミカゼ・ミュージアム」を設けた。

この私設ミュージアムに足を踏み入れたとき、私はあまりの衝撃で腰を抜かしそうになった。

壁には大きな軍艦旗が掲げられ、その下にはディゾン画伯の手になる敷島隊の5名――関行男中佐・中野磐雄少尉・谷暢夫少尉・永峰肇兵曹長・大黒繁男兵曹長（階級は戦死後2階級特進）――の肖像画が並んでいた。さらに、「神風」の鉢巻きが締められた飛行帽や飛行服、海軍士官の制服、銃弾や航空爆弾までもが展示されており、ディゾン画伯の特攻隊への熱い思いが伝わってきた。

ディゾン画伯は身振り手振りを交えて敷島隊の突入の様子をひとしきり解説したあと、大東亜戦争の意義について語り始めた。

「私は、ヨーロッパ・アメリカ・中国・フィリピンの歴史を様々な角度から検証してみました。その結果、なぜ日本が立ちあがり、戦争に打って出たのかがよくわかったのです。そして日本が、欧米列強の植民地支配に甘んじていたアジアを叱責した理由も理解できたのです」

ディゾン画伯は語気を強めた。

「当時、白人は有色人種を見下していました。これに対して日本は、世界のあらゆる人種が平等であるべきとして戦争に突入していったのです。神風特別攻撃隊は、そうした白人の横暴に対する力による最後の抵抗だったといえましょう」

16世紀初頭、フィリピンに上陸してきたフェルディナンド・マゼランを倒した英雄・ラプラプ王にはじまり、アメリカに抵抗して日本に助けを求めたフィリピン独立運動の父・エミリオ・アギナルド将軍（初代大統領）など、フィリピン人は、４００年もの間、白人の侵略と戦い続けてきた。

そして大東亜戦争がはじまるや、日本軍は快進撃を続け、たちまち米軍最高司令官ダグラス・マッカーサー将軍をフィリピンから追い出した。マッカーサーは、部下を置き去りにして、家族と側近だけを連れて安全なオーストラリアに逃亡したのである。こうして在フィリピンの米軍は降伏し、フィリピンは日本軍の軍政下におかれたのだった。

そして大東亜戦争最中の１９４３年（昭和18年）10月14日、日本は約束通りフィリピンの独立を認めた。

ホセ・ラウレル大統領は独立宣言の中でこう述べている。

《……大日本帝国は、今次聖戦の完遂により、大東亜の諸被圧民族を解放せんとする使命に則り、フィリピンにおける西洋の支配を排除し、フィリピン国民をしてフィリピン独立準備委員会を認識せしめ、もって多年の願望たりし自由を実現し、かつフィリピン共和国建設のため、必要なる一切の措置を執ることを得しめたり。》（名越二荒之助編『世界に開かれた昭和の戦争記念館』展転社）

東飛行場跡に建つ特攻隊員の銅像。2017年(平成29年) 2月の慰霊祭にて。

マバラカットの東飛行場跡には「神風」の看板が堂々と設置されている。

東飛行場跡の慰霊碑入り口には立派な鳥居が建つ。

フィリピンは、かくして日本軍によって独立を果たしたのだが、圧倒的物量を背景に反攻してきた米軍によって再び奪い返されたのだった。

終戦直前にホセ・ラウレルは日本に亡命した。だが終戦後、ラウレルは占領軍に逮捕されて巣鴨拘置所に拘禁された。その後彼は、フィリピンに帰還して上院議員などを務めている。

「日本軍人をどうか敬っていただきたい」

大東亜戦争における日本人戦没者のおよそ四分の一にあたる52万人がフィリピンで亡くなっており、それゆえに戦後各地に日本軍の慰霊碑が建立されている。

中でも１９７３年（昭和48年）にラグナ州カリラヤに建立された「比島戦没者の碑」は、敷地面積３６００平方メートルと広大で、２０１６年（平成28年）には天皇皇后両陛下（現上皇上皇后両陛下）が行幸啓された場所である。

さらにマバラカットの東飛行場跡には神風特攻隊の立派な顕彰碑も建立されている。巨大な旭日旗とフィリピン国旗のモニュメントを背景にした特攻隊員の銅像は圧巻だ。

なんとこの施設は、マバラカット市観光局によって管理されており、このことからもフィリピンの人々が特攻隊をどのように受け止めているかがおわかりいただけよう。

２０１７年（平成29年）２月、全国護国神社会の神職の方々によって厳粛な慰霊祭がこ

山下奉文大将終焉の地に通じる道は「山下通り」と命名されている。

終焉の地に建つ鳥居。

山下奉文大将の慰霊碑。ここで絞首刑に処せられた。

の2か所で行われ、このとき私も英霊に対する感謝と鎮魂の誠を捧げたのだった。

　また大東亜戦争後の〝復讐裁判〟だったマニラ軍事裁判で処刑された山下奉文《ともゆき》大将と本間雅晴中将の終焉の地にも慰霊碑が建立されている。

　驚いたことに、ロスバニョスにある山下大将の終焉の地に通じる道は、なんと「YAMASHITA ST.」（山下通り）と名付けられ、慰霊碑の近くには大きな鳥居と立派な墓標が建ち、いまも地元の人々によってきれいに整備されているのだ。

　そして本間中将が銃殺刑に処せられた場所にも大きな円形の慰霊碑がある。

　私は深く頭を垂れて両将の鎮魂を祈った。

「戦犯」という汚名を着せられ処刑された日本軍人の慰霊碑がかくも大事に守られていることからも、フィリピン人の対日感情と大東亜戦争に対する評価を窺《うかが》い知ることができよう。

　本間中将は、開戦劈頭《へきとう》の快進撃でダグラス・マッカーサーをフィリピンから追い落とした日本陸軍の第14軍最高司令官だった。だからマッカーサーは、自らの輝かしい軍歴に、「敗北」「撤退」という泥を塗った本間中将がどうしても許せなかったのだ。

そしてフィリピン防衛の戦いを指揮した山下大将は、十余万の部下を無事帰国させるために敢えて人柱となって投降し、マニラ軍事裁判なるマッカーサーの〝復讐裁判〟で本間中将と共に死刑判決を受け、処刑されたのだった。

終戦前夜、山下大将は側近にこう語っている。

《祖国へ帰ることなど夢にも思ってはいないが、私がひとり先にいって（自決して）は、責任をとるものがなくて残ったものに迷惑をかける。だから私は生きて責任を背負うつもりである。そして一人でも多くの部下を無事に日本へ帰したい。そして祖国再建のために

本間雅晴中将が銃殺された場所にも立派な慰霊碑があった。

本間中将の慰霊碑には娘さんが揮毫していた。

大いに働いてもらいたい》(半藤一利著『戦士の遺書』文春文庫／カッコ内は筆者注)

部下のためにすべてを背負って死ぬことを厭《いと》わなかった山下大将を処刑したのは、部下を置き去りにして逃亡したマッカーサーだったのである。

両将に死刑判決を下したマニラ軍事裁判で、山下将軍の弁護人であった米国人フランク・リールはこの裁判自体を痛烈に批判し、その著書『山下裁判』(日本教文社)で次のように記している(旧字は新字にあらためた)。

《祖国を愛するアメリカ人は、何人もこの点に関する検事側の記録を、拭うことのできない痛切な羞恥の感覚無しに、読むことができないからである

《我々は不正で、偽善的で、復讐心があった》

ひょっとするとフィリピンの人々はこのことを知っているのかもしれない。故ディゾン画伯は、私が氏の自宅を去るとき、両手を固く結んで私にこう託したのだった。

「神風特攻隊をはじめ、先の大戦で亡くなった多くの日本軍人をどうか敬っていただきたい。これは私から日本の若者たちへのメッセージです……」

我々日本人はフィリピンに日本の近現代史を学ぶ必要がある。

バターン半島南端に建つ
“死の行進”の出発点を示
すモニュメント。

第3代大統領ホセ・ラウ
レルの銅像（マニラ市内）。
1943年、大東亜会議に出
席した。

第8章 フィンランド
ロシアを破った日本に彼らは期待した

日本製兵器の活躍

国土の四分の一が北極圏に属し、場所によっては夏に陽の沈まない白夜があり、冬には太陽が昇らない極夜もある。

人口約550万人、国土面積の10％が湖で、70％は森林で占められているフィンランド。ムーミン、サウナ、サンタクロースなどを思い浮かべる人も多いだろう。

そんなフィンランドでは少し前まで、日本海海戦でロシアのバルチック艦隊を打ち破った東郷平八郎提督のラベルがついたいわゆる〝東郷ビール〟が生産されていた（現在は日本で製造されている）。もっともこのビールは、世界の名提督たちをラベルにした「AMIRAALIビール（提督ビール）」の中の一つであったが、日本ではフィンランドが親

フィンランドの英雄、マンネルヘイム将軍の銅像。

日国家である証しの一つとされていたのである。

　事実フィンランドの対日感情はすこぶる良く、その源流は、日露戦争にあるようだ。

　当時フィンランドはロシア帝国の統治下にあり、フィンランド人はロシア軍兵士として日本と戦わざるを得なかったが、日露戦争における日本の大勝利は、フィンランド人を熱狂させたという。これによってロシアからの独立の機運が生まれたからに他ならない。

　アジアの小国・日本が強大なロシア帝

かつて生産されていた“東郷ビール”。「東郷平八郎に敬意を表して」と書かれている。

国を打ち負かしたことにフィンランド人は驚き、そして日本への畏敬の念を抱いたのだった。

後のフィンランド共和国第7代大統領ユホ・クスティ・パーシキヴィは次のように綴っている。

《私の学生時代、日本がロシアの艦隊を攻撃したという最初のニュースが到着した時、友人が私の部屋に飛び込んできた。彼は身ぶり手ぶりをもってロシア艦隊がどのように攻撃されたかを熱狂的に話して聞かせた。フィンランド国民は満足し、また胸をときめかして、

軍事博物館に展示されている日本製の小銃。

博物館駐車場に昔フィンランド軍が使った旧ドイツ軍のⅢ号突撃砲が駐車(?)していた。

戦のなりゆきを追い、そして多くのことを期待した》(名越二荒之助著『世界に生きる日本の心』展転社)

2019年(令和元年)の日本―フィンランド外交関係樹立100周年を記念した在日フィンランド大使館の資料によると、《ロシアを倒した日本海軍の東郷元帥は、フィンランドで改革の英雄とされ、フィンランドの初駐日代理公使のグスターフ・ジョン・ラムステット博士は日本に配属された後、ただちに東郷元帥と面会しました》と記されていた。

そして忘れてはならないのが、フィンランド独立に対する日本の支援であろう。

フィンランドの対ロシア独立闘争は、ロシア帝国の脅威を感じていた日本にとってそれは有利に働くからだった。

当時日本を訪れた独立運動家コンニ・ジリアクスが、日露戦争における情報戦で大活躍した明石元二郎大佐と出会い、これを契機に日本の対フィンランド支援が開始された(1905年)。こうして多くの日本製兵器がフィンランドに送られたのである。

日本からフィンランドに送られた兵器は、「三八式小銃」をはじめ、「三一式75ミリ砲」「三八式15センチ榴弾砲」、さらに海軍の「120ミリ砲」など多岐にわたった。

ヘルシンキ市内の軍事博物館には、菊の御紋章が刻印された日本製の小銃が展示されており、当時の日本とフィンランドの知られざる軍事交流を物語っている。

特筆すべきは、日本から「竹」が送られていたことだろう。

「竹」……。いったいどういうことなのか。

雪深いフィンランドにおける戦闘では、兵士にとってスキーは必需品である。フィンランド軍は、スキーで迅速に雪上を機動しソ連軍に大打撃を与えたのだ。そのスキーストックの材料が、すべてそうであったかはわからないが、日本の竹だったというのだ。

かつてフィンランドの兵士たちは、菊の御紋章が刻まれた日本製小銃と、日本の竹でできたスキーストックをもってソ連軍と戦っていたと考えると感慨もひとしおである。

元老院広場のヘルシンキ大聖堂とロシア皇帝アレクサンドル二世の銅像。

ウスペンスキ寺院の前には桜が咲いていた。

日本はただちにフィンランド共和国を承認

この北欧の国では意外なことに〝日本〟を感じさせる風景がある。

ロシア正教会のウスペンスキ寺院が建つカタヤノッカの丘にはなんと桜の木が植えられており、毎年春には可憐な花を咲かせるのだ。さらに夏の前には、日本でよく見かけるたんぽぽと菜の花も咲く。日本とは気候がまるで違うフィンランドで、それらを目にすると、ますますこの国への親近感は増すことだろう。

一方で首都ヘルシンキには、西欧とロシアが交じり合った特異な雰囲気がある。ヘルシンキ大聖堂の前にある元老院広場の中央にはロシア皇帝アレクサンドル二世の銅像が建つ。

フィンランドは1323年から1809年まで隣国スウェーデンの統治下にあった。その後、ナポレオン戦争の最中にロシアに割譲され、フィンランド大公国が建国される。フィンランド大公はロシア皇帝が兼任し、以後約100年にわたってロシアによる支配を受けたのだ。

そして迎えた1917年、第一次世界大戦およびロシア革

ロシア正教会のウスペンスキ寺院。

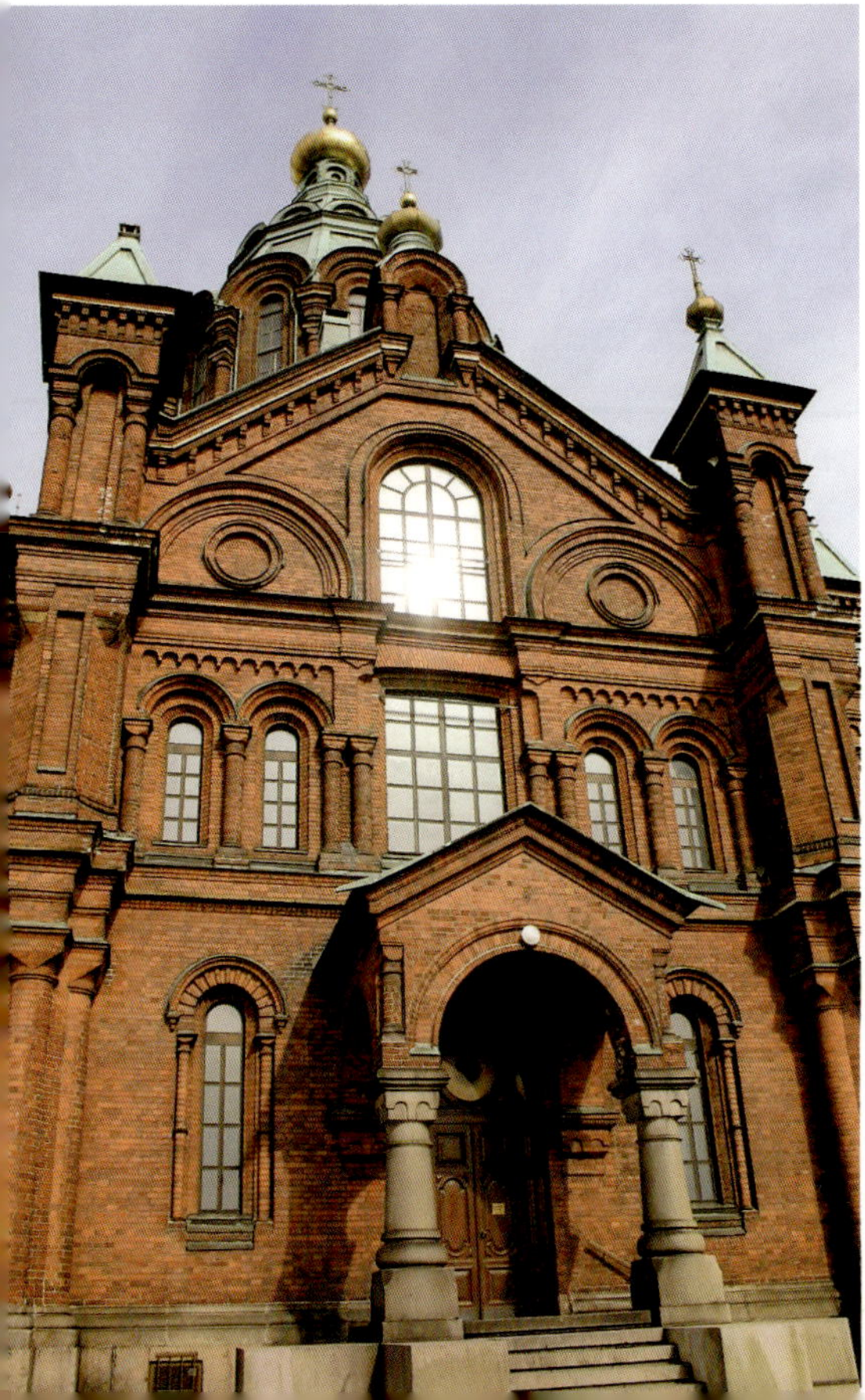

命の混乱期に念願の独立を勝ち取った。だがその後、ソ連の影響を受けた赤軍との間で内戦が起きる。

1918年1月、ブルジョア階級の「白軍」と労働者階級の「赤軍」が激突、ここに内戦が勃発した。約4か月に及ぶ戦いは、カール・グスタフ・エミール・マンネルヘイム将軍率いる白軍が、スウェーデンの義勇兵などの支援を受けて赤軍を打ち破った。

そして1919年、憲法が発布されてフィンランドは共和国として歩み始めた。日本はただちにフィンランド共和国を承認し、ここに両国の国交が樹立されたのである。

その後の1932年にはソ連と不可侵条約を締結するも、ソ連のスターリンはのちにフィンランドに対して東部国境の変更(西側への移動)およびフィンランド湾の4つの島嶼の割譲を要求。フィンランドはこれを拒絶したため、1939年11月30日、ついにソ連軍がフィンランドに侵攻を開始して「冬戦争」が勃発した。

いざ戦いが始まってみると劣勢と思われていたフィンランド軍が各地で奮戦し、ソ連軍の猛攻を見事に撃退したのである。

だが1940年2月、態勢を立て直したソ連軍が再

江田島の海軍兵学校を彷彿させるフィンランド海軍の士官学校。

スオメンリンナ島にいまも残る要塞。

び侵攻し、同年3月にはカレリア地方など国土の約1割を割譲する講和条約締結を余儀なくされたのだった。

ソ連の侵略はとどまるところを知らず、スターリンは、フィンランドをポーランドのように抹殺しようとドイツにもちかけた。ところがドイツがこの要求を拒否、1941年6月にドイツがソ連に侵攻を開始するやフィンランドはドイツ側に立って対ソ戦に参戦することになったのである。

だが圧倒的物量を誇るソ連軍との戦力差はいかんともし難く、1944年には対ソ休戦協定を締結せざるを得なかった。

長いロシアの統治を経験し、その後もソ連の脅威にさらされ続けたフィンランドはそれでも独立を保ち続けたのである。

スオメンリンナ島に展示されている日本製120ミリ砲はソ連軍を迎え撃った“武勲砲”だ。

120ミリ砲に刻印された「明治参拾壹年」「呉海軍造兵廠」の文字。

武勲砲には「呉海軍造兵廠」の刻印

ヘルシンキの船着き場からフェリーで15分、世界遺産・スオメンリンナ島がある。

この島は、フィンランドがまだスウェーデン領だった頃にヘルシンキを防衛する目的で築かれた要塞の島であった。その後ロシア軍が駐屯し、１９１７年のロシア革命を契機としたフィンランドの独立によって「スオメンリンナ」（フィンランドの城）と命名されていまに至っている。

この島には、広島県・江田島の海軍兵学校（現海上自衛隊第一術科学校）とよく似たフィンランド海軍の士官学校も置かれている。

感動するのは、スオメンリンナ島に

「明治参拾壹年」「呉海軍造兵廠」と刻印された日本製の120ミリ砲が〝武勲砲〟として野外展示されていることだ。

この大砲は、後のソ連との「冬戦争」最中の1939年12月6日に162発を撃ってソ連軍の攻撃を撃退したそうである。そしてその後も活躍し、1940年2月19日の戦闘で砲身にクラックが入ったが、それでもなお照準器なしで撃ち続けて敵を粉砕したのだった。射撃弾数は648発に達したという。

日本から送られた大砲が、ソ連軍を撃退しフィンランドを守ったのである。

そんな歴史を見つめてきたこの島には、スウェーデン時代に築かれた「クスターンエミッカの城壁」がいまも原型をとどめている。

眺めの良い高台から城砦を望めば、いまも海を睨み続けるロシア統治時代の大砲とフィンランド国旗はためく城壁が美しい。まさしくこの島はフィンランドの近代史そのものであり、歴史の語り部なのである。

隣接する大国の侵略をはねのけ、祖国を守り抜いたフィンランドの防御戦とその敢闘精神には目を見張るものがある。とりわけ前述の「冬戦争」におけるフィンランドの善戦ぶりは世界中を驚かせた。

フィンランド軍は、森と湖に囲まれた独特の地形と厳しい気象を味方につけ、雪上機動力の高いスキーを履いた奇襲部隊が神出鬼没の待ち伏せ攻撃をかけてソ連軍を苦しめ続けたのである。

フィンランド軍の善戦は陸上だけではなかった。

航空戦闘でも世界を驚嘆させる未曾有の大戦果を挙げていたのだ。

この大空の戦いは戦史に名を残すほどの勝ち戦であり、その撃墜率は大東亜戦争緒戦の日本陸海軍航空部隊のそれに勝るとも劣らぬものがあった。

フィンランド軍が対ソ戦で使用した戦闘機といえば、「フォッカーD21」(蘭)、「フィアットG50」(伊)、「モラン・ソルニエMS406」(仏)、「ブリュスター・バッファローB239」(米)などの寄せ集めの〝三流機〟ばかりだった。

ところがこれら三流機が周囲の予測を大きく裏切って大活躍したのである。とりわけブリュスター・バッファローB239の活躍はあっぱれというほかない。

『北欧空戦史』(中山雅洋著/ホビージャパン)によれば、このバッファローB239の活躍は、まさしく同時代の日本の零戦のそれを思わせるものがあったという。

機首にブラックパンサー(黒豹)を描いたわずか44機のバッファローが、実に440機のソ連機を撃墜したのである。大東亜戦争における日本軍と連合軍の戦いでは、日本の「零戦」や「隼」のカモにされた駄作機が、北欧の空でかくも奮闘し、フィンランドを守り抜いたのだった。

前出『北欧空戦史』はこう記している。

《この頃、フィンランド戦線で最も恐れられ、事実四四〇機のソ連機を撃墜した戦闘機こそは、東部戦線で最も鈍速であり、MiG-3やMe109Fより毎時一五〇キロも遅かったブリュースターB－２３９バッファロー戦闘機であった。これらのバッファローは、正確に四四機しかなかったので、ちょうど一機平均十機のソ連機を片づけたことになる。これは使用機数と戦果の比率でみる限り、航空史上おそらく最高の記録ではあるまいか》

さらに大戦末期、このバッファローがドイツ製のメッサーシュミットBｆ１０９G戦闘機に機種転換されるやソ連軍機の撃墜数は増大し、武勲を上げた兵士に送られるマンネルヘイム勲章を受けたエースが次々と誕生した。

劣勢と思われたフィンランド軍が圧倒的戦力のソ連軍に大損害を与えて撃退し、首都ヘルシンキへの敵の侵入を許さなかったのだ。

フィンランドには、どんなことがあっても負けないという不撓《ふとう》不屈《ふくつ》の精神を意味する「SISU《シス》」という言葉がある。

フィンランドの祖国防衛戦争は、まさにこのSISUの精神で戦われたのである。

フィンランドの英雄

そんなフィンランド軍を指揮したのが、内戦においてソ連の支援を受

ソ連から祖国を守ったマンネルヘイム将軍。

TopFoto/AFLO

けた赤軍を見事に打ち破ったマンネルヘイム将軍だった。

カール・グスタフ・エミール・マンネルヘイム将軍は、後の第二次世界大戦でもフィンランド軍を率いて祖国を守り抜いた名将であり、まさにフィンランドの大山巌元帥か東郷平八郎元帥といったところだろう。

マンネルヘイム将軍は、第二次世界大戦最中の1944年に辞任したリスト・リュティ大統領に代わって大統領に就任した後、ソ連と「モスクワ休戦協定」を締結して対ソ戦を止めることはできたが、カレリア地方をはじめ国土をソ連に割譲させられた。そして今度は、ドイツ軍に銃口を向け、ラップランド戦争を戦った。こうして、フィンランドは独立を守り抜いたのである。これはまさしくマンネルヘイム大統領の高い外交術の賜物だといえよう。

実はこのマンネルヘイム将軍は、かつて帝政ロシア時代にロシア軍の将校として日露戦争に従軍し、騎兵隊などの部隊を率いて奉天会戦で乃木将軍と戦った経歴を持つ。

フィンランド人はいまもマンネルヘイム将軍を救国の英雄として尊敬し、ヘルシンキ市内には、かつて将軍が暮らした住居が博物館となって観光客を集めている。

そしてこの博物館には、昭和天皇からマンネルヘイム将軍に贈られた日本の勲一等旭日桐花大綬章も展示されている。

かつてベルギーのゲントで開かれたある国際会議後の船上パーティーで、各国からの参加者と議論になった。話題は外交問題だった。そのとき私とオーストリア人が論争となり、そして彼にオランダ人が加勢してきたとき、私を援護してくれたのがフィンランド人だった。

論争が終わって船尾のデッキに出てみると、フィンランド人の彼は、こういうのだった。

「ロシアを挟んでフィンランドと日本は〝お隣さん〟だから、お互いのために手を結んでいかないとね！」

なるほど！　日本にとって必要なのは、こうした地球大の地理感覚ではないだろうか。

歴史を再評価するためにも、もっとお近づきになりたい国である。

参考文献

●『ポーランド電撃戦』（学習研究社）

冬は長く、人々は春から夏に日光浴を楽しむ。

第9章　パラオ
祝日となった「天皇皇后両陛下ご訪問の日」

列強諸国の中で最も丁寧に行政を行った

日本から真南に3200キロ、そこには南洋一の親日国家「パラオ共和国」がある。その国旗は、日本の国旗〝日章旗〟の兄弟旗ともいえる、海と月をイメージした青地に黄丸の〝月章旗〟として有名だ。国民投票で選ばれたというこの国旗が、日本に対する彼らの親近感を表していよう。

そんなパラオは、スペイン領を経て19世紀末にドイツへ売却され、第一次世界大戦後からおよそ四半世紀、日本による委任統治が行われた歴史を持っている。

国際連盟によって日本の内南洋（＊1）委任統治が認められたのが1920年（大正9年）。これを受けて1922年（大正11年）に日本政府はパラオに「南洋庁」を設けて南

2015年4月、天皇皇后両陛下（現上皇上皇后両陛下）の行幸啓を人々は大歓迎した。
写真提供／椛島明実氏

洋統治の行政機関とした。

日本の南洋政策の中心だったパラオは、ラバウルなど重要拠点に向かう輸送船団の中継基地としてたいそう賑わった。

そして日本からは大量の移民が押し寄せ、その人口は現地民の4倍にもなったという。そうした邦人移民は漁業や燐鉱石の採掘で生計を立て、また鰹節の生産や米の栽培にも取り組んだ。

また、日本統治時代のパラオでは、台湾や朝鮮の統治に倣《なら》って、インフラ整備をはじめ教育制度や医療施設の整備が行われ、生活水準の向上が積極的に推し進められていった。

事実、当時の英国ロンドン・タイムスの記者は、《内南洋の人々は、世界の列強植民地の中で、最も丁寧に行政されている》と報じている。（『歴史群像』No.34

／学習研究社）

なるほど博物館の展示を見ているとそのことがよくわかる。

日本が治めた時代のことは、〝Japanese Administration Period〟つまり日本統治時代と表記されており、植民地を意味する〝Colony〟などといった言葉はどこにも見当たらない。

とりわけ日本政府は地元の人々の「教育」に力を入れた。

実は、国際連盟に委任統治を認められる前からそれは始まっていた。

第一次世界大戦でドイツを退けた後の1915年（大正4年）に、当時の首都コロールに公学校が開設されたのを皮切りに、マルキョク（現首都）や、ペリリュー島、アンガウル島など周辺の小さな島々にも公学校が作られたのである。

もし日本が欧米列強のようにパラオを「植民地」にしていたなら、地元民の教育など行わなかったであろう。この一点からも、当時の日本の統治姿勢がおわかりいただけよう。

さらに各地に医療機関を設置して、マラリア、デング熱、アメーバ赤痢などの風土病に対処すると同時に、地元の人々の保健医療を行ったのである。ちなみに現在のパラオ・コミュニティカレッジは、かつての南洋庁パラオ病院で、いまも当時の建物がそのまま使われている。

その他、日本統治時代の建物はかつての首都だったコロールを中心に数多く残されている。

南洋庁パラオ支庁の庁舎は、現在も最高裁判所として使用されているほか、野球場がいまも「アサヒスタジアム」として健在だ。

さらに日本統治時代に造られた海軍墓地も当時のままで、戦後は数多くの戦没者慰霊碑が建立されている。

こうした日本統治領を経験したパラオの対日感情はすこぶる良く、その親日度は世界屈指といっても過言ではない。

日系人のクニオ・ナカムラ元大統領は、こう述べている。

《私は、パラオの人々の大多数の代表として申し上げたいと思います。パラオの国民は、とくに私より上の世代の人々は、日本時代に対してたいへん楽しい思い出を持っています。私たちの生活にも取り入れられ、馴染んできた日本の伝統的価値観は、いまでも国民の中に生き続けています。ですから日本時代の思い出をいつでも偲ぶことができるのです。要するに日本の伝統はパラオの国民を強くしました。そして私たちの国の独立に貢献したのです》（DVD『天翔る青春——日本を愛した勇士たち』日本会議事業センター）

パラオでは歴史的背景からいまでも日本語を話す年配者も多く、また日本統治時代に持ち込まれた多くの日本語がそのままパラオの日常語として定着しているから面白い。

「デンワ」（電話）、「サビシイ」（寂しい）、「コイビト」（恋人）など、多くの日本語が日常で使われている他、パンツを「サルマタ」（猿股）といい、さらに女性用下着のブラジャーは「チチバンド」（乳バンド）、ビールを飲むことを「ツカレナオース」（疲れ治す）というから傑作だ。

そしていまでも、お年寄りたちが日本人観光客に日本語で話しかけたり、また日本の歌を歌ってくれたりするから益々パラオに対する親近感が湧いてくる。

ちなみにアンガウル州は州憲法で、パラオ語、英語とともに日本語を公用語と定めているのも興味深い。

地元住民を疎開させ玉砕した「天皇の島」

パラオは、実は大東亜戦争時の大激戦地であり、点在する島々には日米両軍の兵器や戦跡がいまも手つかずで残されている。

首都マルキョクのある最大の島バベルダオブには、日本海軍の通信所が米軍の空襲で破壊されたままの姿で残っており、そこには日本軍の高射機関砲や水陸両用戦車の特二式内火艇などが置かれている。

また同島西側のアルモノグイ州の高台には、日本軍の砲台がほぼ無傷で残されているから驚きだ。いまでも使えそうな3門の15センチ砲（150ミリ砲）がずらりと並び、その奥には分厚いコンクリートで覆われたトーチカ式の大砲もある。砲身には「呉海軍造兵廠」「拾五サンチ速射砲」「明治参拾六年」の刻印がはっきりと確認できる。

また、バベルダオブ島の周回道路の道路脇にも、日本軍の高射砲陣地が当時のまま、まるで対空戦闘をピタリと止めたかのような状態で放置されている。

　そしてこの島には、日本人とパラオ人の大きな戦没者慰霊塔もある。

　いまでは訪れる人もめっきり減ってしまったようだが、まだ戦争経験者が社会の第一線で頑張っていたころは、多くの人々が慰霊にやってきたことだろう。なるほどこの慰霊塔は、１９８６年（昭和61年）９月に、日本を代表する一流企業群の寄付によって建立されたものだった。

　そして最大の激戦地ペリリュー島には、さらに多くの兵器などが当時のまま残されている。かつてこのペリリュー島を拠点に活躍したであろう零戦や、上陸してきた米軍に突撃

トーチカ式の大砲（アルモノグイ砲台）。

いまも遠く水道を睨むアルモノグイ砲台の大砲。

バベルダオブの日本・パラオ戦没者慰霊塔。

を敢行して撃破された日本軍の九五式軽戦車、さらに海岸を向いたままの大砲などを見ることができる。

また、日本軍によって撃破されて横転したままの米軍M4シャーマン戦車や、山中に墜落した米軍機の残骸、砲爆撃で破壊された海軍司令部などを目の当たりにすると、まるで大東亜戦争がつい昨日まで戦われていたかのようだ。

そして、このペリリュー島には兵器だけでなく、日本軍将兵が立て籠もった複郭《ふくかく》陣地（＊2）にはいまも約5000柱の日本兵が残されていることを忘れないでいただきたい。

撃破された日本軍九五式軽戦車（ペリリュー島）。

横転したままの米軍のM4シャーマン戦車（ペリリュー島）。

島に残る日本軍複郭陣地（ペリリュー島）。

かつて私が遺骨収集に参加したときも、複郭陣地の中に、斃《たお》れたままの状態で白骨となった日本兵のご遺体を何体も発見した。

ペリリュー島を巡る日米の攻防戦は１９４４年（昭和19年）９月15日に始まった。猛烈な艦砲射撃と空爆に援護された米第一海兵師団が上陸を開始したのである。

「３日で陥としてみせる」。米軍はそう豪語した。しかし彼らを待ち受けていたのは、米海兵隊がこれまで経験したことのない精強無比なる日本軍守備隊の猛反撃だった。

米軍を迎え撃ったのは、中川州男《くにお》大佐率いる陸軍の水戸歩兵第二連隊を中心とする約１万１０００人の守備隊であった。日本軍は、地元住民を安全な島に疎開させ、そしてこれまでの水際撃滅・万歳突撃の戦法から洞窟陣地による徹底的な持久戦に切り替えて戦った。そのため米軍は未曾有の損害を出すことになったのである。

この守備隊の勇戦奮闘ぶりに、天皇陛下から11回もの御嘉賞を下賜され、ゆえにこの島は「天皇の島」とも呼ばれたのだった。

敵将ニミッツ提督が送った賛辞

２０１４年（平成26年）９月15日、ペリリュー戦終結70周年記念式典が開かれた。

式典にはパラオ共和国のトミー・レメンゲサウ大統領のほか、在パラオ米大使館のトーマス・Ｅ・ダレイ代理大使、クニオ・ナカムラ元パラオ共和国大統領らも参加した。式典が始まると、日本・アメリカ・パラオの各国旗と米海兵隊旗が会場に入場し、なんと「君が代」が最初に演奏され、これに続いてアメリカ合衆国国歌、パラオ共和国国歌が演奏されたのである。

そして米海兵隊太平洋基地司令官のチャールズ・L・ハドソン少将はスピーチで、熾烈《しれつ》なペリリュー戦での日米両軍の尊い犠牲を称え、参列したペリリュー戦の勇士・土田喜代一氏とウィリアム・ダーリング氏に最大の敬意を表したのだった。

ペリリュー戦終結70周年記念式典で敬礼を交わす両軍の勇士、土田氏とダーリング氏。

これまでも日米合同式典はお互いの武勇を称え、まさに〝昨日の敵は、今日の友〟というスタンスで執り行われてきた。

島にはペリリュー神社が再建されている。そしてそこには日本軍と激闘を繰り広げた米海軍の敵将・米太平洋艦隊司令長官・C・W・ニミッツ提督から日本軍将兵に送られた賛辞が刻まれた石碑が建立されている。

〝TOURISTS FROM EVERY COUNTRY WHO VISIT THIS ISLAND SHOULD BE TOLD HOW

COURAGEOUS AND PATRIOTIC WERE THE JAPANESE SOLDIERS WHO ALL DIED DEFENDING THIS ISLAND.〟

その日本語訳文が裏面に刻まれている。

〝諸国から訪れる旅人たちよ　この島を守るために日本軍人がいかに勇敢な愛国心をもって戦い　そして玉砕したかを伝えられよ〟

日本軍将兵の武勇がこうして敵将にも称えられているのだ。

さらにその武勇は地元の人々にも語り継がれている。

ペリリュー戦終結60周年記念式典で日・米・パラオの国旗を持って行進する学生たち。

再建されたペリリュー神社。

ニミッツ提督からの日本軍兵士讃辞の碑（ペリリュー神社）。

日本軍守備隊の最期の決別電文となった「サクラ・サクラ」は、日本軍将兵の勇気と敢闘を称える『ペ島（ペリリュー島）の桜を讃える歌』となって歌い継がれているのである。

この歌は地元のトンミ・ウェンティー氏によって作曲され、故オキヤマ・トヨミさんが作詞を担当した。名前は日本風だがオキヤマ・トヨミさんも地元パラオの女性である。

『ペ島（ペリリュー島）の桜を讃える歌』

（1）激しく弾丸《たま》が降り注ぎ　オレンジ浜を血で染めた　強兵《つわもの》たちはみな散って　ペ島《じま》は総て墓地《はか》となる

（2）小さな異国のこの島を　死んでも守ると誓ひつつ　山なす敵を迎へ撃ち　弾射ち尽くし食料《しょく》もない

（3）将兵《へいし》は桜を叫びつつ　これが最期の伝えごと　父母よ祖国よ妻や子よ　別れの桜に意味深し

（4）日本の桜は春いちど　見事に咲いて明日は散る　ペ島《じま》の桜は散り散りに　玉砕《ち》れども勲功《いさお》は永久《とこしへ》に

（5）今　守備兵士《もののふ》の姿なく　残りし洞窟《じんち》の夢の跡　古いペ島《じま》の習慣で　我等勇士の霊魂《たま》守る

（6）平和と自由の尊さを　身を鴻毛《こな》にしてこの島に　教へて散りし桜花　今では平和が蘇る

（7）どうぞ再びペリリューへ　時なし桜花《さくら》の花びらは　椰子の木陰で待ち侘びし　あつい涙がこみあげる
（8）戦友遺族の皆さまに　永遠《いついつ》までもかはりなく　必ず我等は待ち望む　桜とともに皆さまを
（名越二荒之助編著『秘話・大東亜戦争とアジアの歌声』展転社）

この歌詞から、戦後も一貫して地元の人々が日本軍将兵に敬意を持ってその武勇を称え続けてくれていることがおわかりいただけよう。

かつてオキヤマ・トヨミさんがお元気だった頃、遺骨収集のために訪れた東条英機首相の孫・東条由布子さんと笑顔で談笑されていたことを思い出す。だがもうお二人とも鬼籍に入られた。涙ぐみながら手を取り合って話すお二人の姿が懐かしい思い出となって蘇ってくる。

日本の戦闘機パイロットの墓標に祈る神職が描かれた切手。右上に真珠湾攻撃時の、左上にサンフランシスコ平和条約締結時の記念切手が描かれている。

そんなパラオへ2015年（平成27年）4月8日、9日に天皇皇后両陛下（現上皇上皇后陛下）が行幸啓された。

　このときパラオの人々は日の丸とパラオ国旗を振って両陛下を心から大歓迎したのだった。

　そして日本からも多くの人々がパラオに出向いて両陛下を奉迎した。その中の大学生を引率した全日本学生文化会議事務局長・椛島明実氏はこんなエピソードを披露してくれた。

「奉迎団の人々が沿道に並んで天皇皇后両陛下を待っていたんですが、そのとき、板切れを持ったパラオ人の青年が現れて『ここにサインをしてほしい。あなたたち日本人は僕たちのヒーローなんです』といって多くの日本人にサインを求めて回っていたんです。本当に感動しました」

　現代の若者までもが歴史を学び、日本へ親近感を抱いてくれているのだ。

　ペリリュー州は、天皇皇后両陛下が行幸啓された4月9日を「天皇皇后両陛下ご訪問の日」として祝日に定めた。さらにこのとき両陛下が休憩された建物が、「天皇皇后両陛下ご休憩処」として保存されており、部屋の壁には両陛下の御真影が恭《うやうや》しく掲げられているのである。

　南洋一の親日国家パラオは、日本以上に〝日本〟なのかもしれない。

天皇皇后両陛下（現上皇上皇后陛下）の行幸啓時に日本人にサインを求めてきた少年。

写真提供／椛島明実氏

保存されている「天皇皇后両陛下ご休憩処」。

部屋には両陛下の御真影が掲げられている。

日本・パラオの友好関係を象徴する"友好橋"。

＊1　現在の南洋諸島（北マリアナ諸島、パラオ、マーシャル諸島、ミクロネシア連邦）を当時の日本では内南洋と呼んだ。

＊2　約５００もの洞窟や壕を通路で結び要塞化した。

第10章 インドネシア
独立宣言文に「皇紀」を使った想い

オランダの植民地支配を終わらせた日本への感謝

首都ジャカルタにある「独立宣言起草博物館」には、大東亜戦争終結後の8月17日、後の初代大統領スカルノと副大統領ハッタらが読み上げた独立宣言文の原文が掲げられている。

インドネシアの独立を謳《うた》い上げたその宣言文はもちろんインドネシア語で書かれているのだが、その日付が「17-8-05」とある。なるほど終戦2日後の１９４５年（昭和20年）8月17日だったのだから「17-8」は読み取れる。だが「05」はなんなのか。

驚くなかれ、それはなんと日本の「皇紀２６０５年」のことだったのである。

この独立宣言起草博物館は、元は前田精《ただし》武官の邸宅だった。

当時ジャカルタに駐在武官として赴任していた前田海軍少将は、終戦翌日の8月16日に、後の大統領スカルノと副大統領ハッタら50人の志士を邸宅に招き入れ、彼らはそこで独立宣言文を起草したのだ。そしてその翌日の17日、スカルノ邸で赤と白のインドネシア国旗が掲揚され、独立宣言文が高らかに読み上げられたのである。

同博物館にはスカルノらが独立宣言文を起草したテーブルや手書きの起草案の拡大写真など貴重な資料が展示されている。

２０１４年8月16日、私が、69回目の独立記念日の前日にこの博物館を訪れたとき、記念日を祝う人々で賑わい、スカルノ大統領とハッタ副大統領のそっくりさんまでもが登場して雰囲気を盛り上げていた。

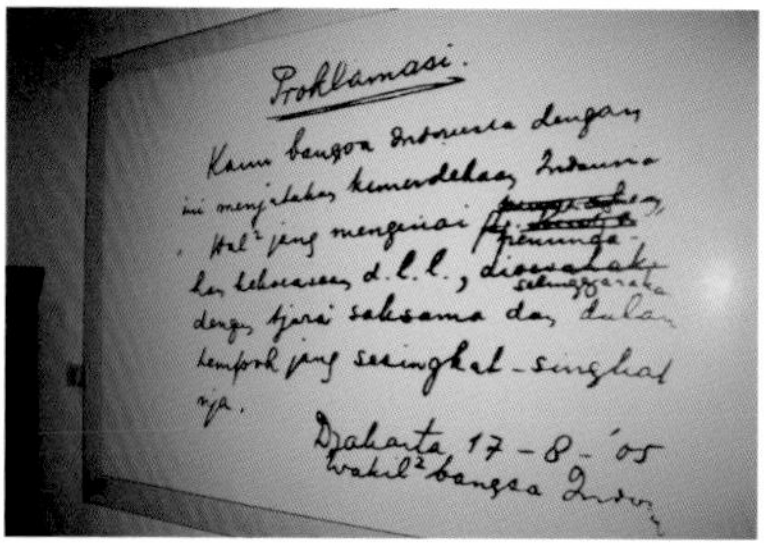

独立宣言文の起草案には皇紀2605年を意味する「05」の表記が。

老いも若きもが、独立宣言起草博物館に集い、この国の成り立ちを振り返っていたのだ。

インドネシア独立戦争に参加した元兵士らが、武勇伝を身振り手振りを交えて語り、それを若い学生らが真剣な面持ちで聞き入っている。国の歴史を学ぼうとする彼らの顔を見ていると心の底から羨ましく思えてくるのだった。なんといっても、独立のために愛国心をもって戦った貴重な体験談を直接聞けるのだから、この国の青年の心にはしっかりと愛国心が芽生えることだろう。

そして博物館の外では、インドネシア国旗にちなんだ赤いスカーフと純白の衣装を身に着けた青年たちが祝賀パレードのために整然と並んでいた。

皆、眉を上げ、真剣な表情だ。

先頭に立つ両端の2人がスカルノ大統領およびハッタ副大統領の写真をそれぞれ胸に抱き、真ん中の女性は独立宣言文の写真を抱いている。

インドネシアの人々にとって独立宣言文は愛国心とアイデンティティーの源なのだ。

独立宣言文起草の日付に日本の皇紀を使ったインドネシア——もしも日本軍の進出とその後の軍政がインドネシアの人々に恨まれていたのなら、皇紀など使われなかっただろう。

350年におよぶ過酷なオランダによる植民地統治に苦しんできたインドネシアの人々は、日本軍を歓迎したのである。

スカルノ大統領のそっくりさん（前列左）とハッタ副大統領のそっくりさん（前列右）。

独立宣言起草博物館前でパレードのため整列する若者たち（2014年8月16日）。

アラムシャ元第3副首相はこう述べている。

《我々インドネシア人はオランダの鉄鎖を断ち切って独立すべく、三百五十年間に亘り、幾度か屍山血河の闘争を試みたが、オランダの狡智なスパイ網と、強靱な武力と、過酷な法律によって、圧倒され壊滅されてしまった。

それを日本軍が到来するや、たちまちにしてオランダの鉄鎖を断ち切ってくれた。インドネシア人が歓喜雀躍し、感謝感激したのは当然である》(ＡＳＥＡＮセンター編『アジアに生きる大東亜戦争』展転社)

"黄色い人が白い人を追い出す"

8月17日の独立記念日はジャカルタの町全体がお祭り騒ぎだった。

町中にインドネシア国旗が翻り、二人乗りのバイクの後部座席に座った若者は旗竿に付けた国旗を打ち振りながら通り過ぎて行く。赤と白のインドネシア国旗を顔にペイントした若者もいる。

「ムルデカ!」(独立!)

これが記念日の合言葉だった。

そんなインドネシアの人々の心を一つに束ねるのが国歌『インドネシア・ラヤ』(偉大なインドネシア)だ。

この国歌は、元は若き新聞記者が作詞作曲したものだったが、インドネシア人の民族意識を高揚させる歌としてオランダから歌うことを禁じられていた。しかし大東亜戦争を前にした日本は、ラジオ東京がインドネシアに向けてこの曲を長距離放送で流してインドネシア人の民族意識を高めたという。そして独立宣言が行われた当日、歓喜に包まれた群衆はそんな歴史を持つ『インドネシア・ラヤ』を高らかに歌い上げたのだった。

独立記念日にジャカルタでこの曲を耳にした私は、その中で何度も繰り返される「ムルデカ」の言葉に熱いものがこみ上げてきた。

インドネシア民衆が日本軍を大歓迎したのにはもう一つの理由があった。

〝ジョヨボヨの予言〟なる神話である。

1942年（昭和17年）1月11日、蘭印攻略戦の第一歩となる海軍落下傘部隊によるセレベス島メナドへの空挺作戦が行われた時、日本軍部隊は地元の人々に大歓迎された。というのもこの地方には、〝白い人に長い間支配されるが、北の方から黄色い人がやって来て白い人を追い出す〟〝わが民族が危機に瀕するとき、空から白馬の天使が舞い降りて助けにきてくれる〟という神話が語り継がれていたのだ。

これは12世紀に東ジャワのクディリ王国の王・ジョヨボヨが宮廷詩人に命じて古代インドの民族叙事詩をジャワ風に翻訳させたものが元になっているという。

つまりインドネシアの人々は、空から舞い降りてくる黄色い人＝日本軍落下傘部隊を救世主の到来と捉え大歓迎したというわけである。

「ジョヨボヨの予言」は演劇にもなっている。
写真提供／杉田勘三氏

同年2月14日に行われた陸軍落下傘部隊によるスマトラ島パレンバンの製油所に対する空挺作戦のときも同様だった。

かつてインドネシアの戦いに参加した杉田勘三氏は、私に1枚の写真を見せてくれた。それは杉田氏らが戦後インドネシアへ慰霊祭に出かけたときに、地元神話の民族舞踊を撮影したものだった。

そこに写っていたのは、鳥の羽のような白い衣装をまとった天使であり、その背後には赤く丸い太陽が描かれていた。それはまさしく白い落下傘で降下する空挺隊員と日の丸を連想させるものだった。

地元の人々の歓迎は落下傘部隊に対してだけではなかった。他の地上部隊に対しても同じように歓迎していたのである。

陸軍の戦車第4連隊第3中隊第1小隊長としてスラバヤで戦った岩田義泰中尉

は、かつて私にこう話してくれた。

「……地元の人々は我々を大歓迎してくれました。それには、こんな理由もあったんです。〝インドネシアが困ったときには、北の優秀な民族が応援に駆けつけてきてくれて治めてくれる〟といったような伝説が残っていたんです」

神話が日本軍に味方したのである。

だが、インドネシア人が日本軍に対して好意的だった理由はそれだけではなかった。もとより日本軍の蘭印侵攻作戦の最大の目的は、アメリカを中心とするＡＢＣＤ包囲網によって手に入れることができなくなった石油など工業資源確保のためであり、日本の国家存亡をかけた戦いであった。と同時にこの戦いは、３５０年にもおよぶオランダの植民地支配を終焉させ、後にインドネシアを独立させるためでもあったのだ。

占領後の日本軍最高司令官であった今村均中将の軍政下で、オランダ支配下では考えられなかった地元民に対する教育および医療制度の整備、インドネシア語の普及、そして後の独立に向けた人材育成のためインドネシア人の政治意識の醸成が行われた。わずか3年半の統治期間に、教員養成のための教員学校や医師・医療機関従事者養成のための医科大学、近代農法を学ぶ農業大学などが次々と設置されたのである。

そしてなにより、日本軍はオランダ軍を降伏させるや、政治犯として獄中にあったスカルノとハッタをいち早く救出しており、このことからも日本が後にインドネシアを独立させようとしていたことは明らかだろう。

「祖国防衛義勇軍」は日本軍が訓練した

インドネシア人にとって、それまで彼らを奴隷として扱い、富を収奪してきたオランダを日本軍が打ち破ったことは大変な出来事だった。

そんな史跡がいまもカリジャチの空軍基地内に残されている。

もちろん観光名所ではなく軍の施設内にあるため簡単に行ける場所ではない。

私がその存在を知ったのは、通訳兼ガイドを務めてくれたリンダさんから「日本兵のお墓がありますが、行ってみますか?」という突然の慫慂《しょうよう》だった。そして軍の指示通り必要な書類を準備して訪れると、なんとこの基地内には、今村均中将とテル・ポールテン中将がオランダ軍の降伏について話し合った屋敷がそのまま残されていたのだ。

「日蘭停戦協定の碑」が建つ洋風の建物の中には、日蘭両国の国旗が立ち、壁には交渉時の様子を描いた油絵が掛けられ、かつて両軍首脳が交渉に使ったテーブルまでもが保存されているではないか。しかも当時と同じテーブルクロスが再現され、今村中将ら6人の名前を記した三角席札も置かれていた。

感無量で思わず直立不動の姿勢をとった私は、そのテーブルに向って深く頭を垂れた次第である。

そして基地の営門付近には、リンダさんがいう通り、きれいに整備された区画に「ここに元日本兵眠る」と揮毫された日本軍将兵の墓があった。
この日蘭会見場と日本兵墓地の存在は、インドネシア人が当時の日本軍と大東亜戦争をどのように見ているかを明確に示している。

さて日本軍による軍政のなかでも、後の独立戦争でその中心となって戦ったインドネシア初の軍隊組織「ＰＥＴＡ《ペタ》」（祖国防衛義勇軍）を創設したことは最大の功績だったといえよう。

ボゴールにはＰＥＴＡの博物館がある。入り口付近には、力強く右手を突き上げるＰＥＴＡ兵士の大きな銅像が建っているが、帽垂布《ぼうたれぬの》付きの戦闘帽をかぶり、左手に日本刀を握りしめるその姿はどうみても日本兵にしか見えない。

インドネシア人によって編成されたＰＥＴＡは、日本軍によって教育訓練され、兵士らは日本刀や小銃をはじめ日本製兵器を携え、制服も日本兵とそっくりなので外見上はなかなか見分けがつかないのだ。

カリジャチ基地にはオランダ軍が降伏文書に調印した部屋が残されている。

今村均中将の軍政はいまも高く評価されている。

PETA小団長の等身大人形。日本兵にしか見えない（PETA博物館）。

旭日旗をベースに考案されたPETAの大団旗（PETA博物館）。

カリジャチの空軍基地内にある日本軍将兵の墓。

さらに「大団旗」と呼ばれるPETAの旗は、日本の旭日旗をベースにデザインされていた。

中央にイスラム教の象徴でもある月と星が描かれた緑地の旭日旗に、なんとも言えない親近感と感動を覚えるのは決して私だけではないだろう。

2000名の日本兵は残留して共に戦った

だがこうして日本軍がインドネシア人の軍隊組織PETAを錬成している最中に、日本は連合軍に降伏してしまったのである。すると再び、かつての宗主国オランダやその盟友イギリスがインドネシ

PETA（祖国防衛義勇軍）博物館前の兵士像。日本兵とそっくりだ。

アを支配しようと舞い戻ってきた。

ここにインドネシア独立戦争が始まった。

もちろん日本軍が育てたＰＥＴＡは満を持して立ち上がった。まさしく祖国防衛義勇軍はこのときのために厳しい訓練を積んできたのだ。彼らは日本軍の武器で戦ったが、武器がいき渡らなかった者は、竹槍をもって近代装備の英蘭軍を迎え撃った。

なるほど各地の博物館では、この竹槍をよく目にする。また激しい戦闘が行われたスラバヤの中心にも竹槍のモニュメントがある。前近代的な兵器の竹槍だが、実際はかなりの戦果を挙げたものと思われる。いずれにせよインドネシア人は、二度とオランダの植民地にはなるまいと、あらゆる武器を手に死力を尽くして戦ったのだった。

そうしたインドネシア独立戦争のリーダーはその多くがＰＥＴＡの出身者であり、その意味でＰＥＴＡを創設した日本軍の果たした役割は大きい。

そして忘れてはならないのが、大東亜戦争終結後も自発的にインドネシアに残留を決め、独立のために再び銃を取った2000名に上る日本兵の存在である。

残留日本兵は、かつて自分たちの到来を大歓迎してくれたインドネシアの人々を見捨てて帰国することができなかったのだ。彼らは愛する家族と再会する夢を捨てさり、インドネシア独立のために、舞い戻ってきた英蘭軍と戦ったのである。

近現代史評論家として『パール判事の日本無罪論』（小学館文庫）など多くの著作を残した田中正明氏によれば、大東亜戦争の終結を告げる天皇陛下の終戦の詔勅にある『東亜

独立戦争でインドネシア人の将校は腰に日本刀を下げていた（スラバヤ戦争博物館）。

竹槍は独立戦争で大活躍した（スラバヤ戦争博物館）。

カリバタ国立英雄墓地。入り口中央に竹槍を模したモニュメントが見える。

独立戦争を戦った日本兵がいまも多く眠る（カリバタ国立英雄墓地）。

ノ解放ニ協力セル諸盟邦ニ対シ遺憾ノ意ヲ表セサルヲ得ス』の一節に責任と使命感を奮起させてインドネシア独立のために再び立ち上がった者もいたという。

こうして1949年（昭和24年）12月までに1000人もの日本兵が戦死し、生き残った者の多くは独立後も現地に留まって終生インドネシアで暮らしたのだった。

そんな残留日本兵たちはいま、ジャカルタの「カリバタ国立英雄墓地」をはじめスラバヤやスマトラなど全国各地の英雄墓地に眠っている。むろん彼らは、インドネシア独立戦争を戦い抜いた〝英雄〟として人々から称えられているのだ。

私が、27名の日本兵が眠るカリバタ国立英雄墓地を訪れたとき、墓標に刻まれた名前から数名の日本人を確認し、一行で『君が代』と『海行かば』を奉唱してささやかな慰霊祭を行った。

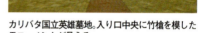

陽が傾き、イスラム教のアザーンが街に響き渡る国立英雄墓地をあとにするとき、こうして〝他国の独立のために戦った日本人〟の存在を忘れてしまった現代日本への嘆きと憂いがこみ上げてきた。

歴史には光と影がある。

戦場となった地域では尊い命が失われ怨嗟の声もあったことだろう。だがインドネシアの人々は、350年にわたる過酷なオランダの植民地支配を終焉させ、戦後も独立戦争で一緒に戦ってくれた日本軍と日本軍将兵のへの恩を忘れず、いまも日本に対して感謝の気持ちを持ち続けてくれているのである。

スカルノ邸は独立宣言記念公園となってスカルノ(左)、ハッタ両氏の銅像が建つ。

第11章 極東ロシア
（ハバロフスク、ウラジオストク）
シベリア抑留者にロシア人が抱いた畏敬の念

5万5000人が強制収容所で死亡

「ありがとうございました……ご苦労様でした……」

私は墓標に手を合わせて語りかけた。

墓標には「日本人墓地」と刻まれていた。

ここはハバロフスクの日本人墓地――大東亜戦争終結後、ソ連によってシベリアへ不法に連行され、過酷な強制労働を強いられてこの地で亡くなった日本軍人・軍属の墓地である。

日本人抑留者は57万5000人に上り、そのうち5万5000人が強制収容所で死亡した。ハバロフスクでは最も多い1万1000人が亡くなっている。そんなハバロフスクの

「鷲の巣展望台」から見下ろしたウラジオストクの軍港。

強制収容所跡地には、平和慰霊公苑が整備され、日本政府によって1995年（平成7年）に竣工された立派な「日本人死亡者慰霊碑」がある。

そしてレーニン広場には、日本人抑留者の手になる大きな〝遺品〟があった。

この地に抑留された日本軍人・軍属によって建てられたビルディングだ。驚くべきことにこの建物はいまも国家公務員大学校として使われているのである。

私がはじめてハバロフスクを訪れたのは冷戦終結後間もない頃だった。

そのときの話では、ソ連時代の建物はすぐダメになるが、

ハバロフスクの日本人墓地。

ハバロフスクの日本人強制収容所跡地には平和慰霊公苑が整備されている。

平和慰霊公苑内の日本人死亡者慰霊碑。

日本人抑留者によって建てられたビル。

日本人抑留者によって建てられたこの建物は頑丈で、それが理由でロシア人は日本人に対して畏敬の念を抱いているとのことだった。

囚われの身となっても日本人の誇りを守り続けた先人を思い、私は複雑な誇りを感じたことを思い出す。

日本人にとって強制労働の苦々しい記憶が染みついたハバロフスクは、19世紀に東方進出してきたロシア帝国によって拓かれ、１８６０年の北京条約によって清国からアムール川東岸地域が割譲されて発展してきた歴史がある。

その後、第一次世界大戦最中の1917年にロシア革命が起き、極東のハバロフスクもその影響を受けた。

当時ロシアは、英・仏・伊・米・日本など連合国側に立ち、独・墺など同盟国と戦っていたが、各国はロシアで起きた共産主義革命が波及することを恐れロシアに対する干渉戦争「シベリア出兵」（1918年8月）を行った。こうして日本・英・米・加・仏・伊などが極東ロシアに軍隊を送ったのである。

日本軍は1918年（大正7年）8月にウラジオストクへ上陸した後、北上してハバロフスクを占領し、西はバイカル湖のあるイルクーツクまで進出した。

当時の日本の画報の絵を見ると、なんと、旭日旗を先頭にウラジオストクへ上陸する日本軍将兵にロシア人が日の丸を振って歓迎し、建物にも日の丸が翻っているではないか。これは「救露討独遠征軍画報」なるもので、つまり〝ロシアを救いドイツを討つ遠征軍〟という意味である。

この連合軍はロシア白軍（＊1）を支援して革命勢力と各地で戦った。そして第一次世界大戦が終わり、その後各国軍が撤収する中、日本軍は撤収せずに1922年（大正11年）までシベリアに留まった。

「救露討独遠征軍画報」には、日本軍がウラジオストクに上陸する様子が描かれている。

日本が撤退しなかったのは革命の波及を恐れ、この地に緩衝地帯を作りたかったからにほかならない。つまり日本の安全保障上の理由からだった。

ナポレオンも勝てなかったロシアに勝った日本

日本軍が上陸したウラジオストクは、ハバロフスクから南へおよそ800キロ。シベリア鉄道で一晩かけての旅となる。

21時発の寝台列車オケアン号でハバロフスク駅を出発。寝台はなかなか快適だ。列車内には給湯器が設置されており、紅茶を淹れたりインスタントラーメンを作ったりすることもできる。難点はコンセントが少ないこと。携帯電話を充電するのに苦労する。とはいえ、シベリアの大地を走行中はほとんど圏外表示で携帯電話は使えなかった。

となると楽しみはお酒となる。

シベリア鉄道の食堂車はなかなかのもの。一緒に行った友人と食堂車でビールを飲んでいると、隣のテーブルのロシア人男性2人が、ウォッカを飲むかと誘ってくれた。もちろん喜んで！

「あんたは日本人か？」

2人のうちの1人が聞いてきた。「そうだ」と答えると、「それならフレンドじゃないか！」といって握手とあいなった。

ここから日露の〝飲み合戦〟が始まった。〝第二次日露戦争〟だ。負けるわけにはいかない。ショットグラスでガンガンやり合った。

彼らは、私がグラスをグイッと空けると、フライドポテトを私の口の中に無理矢理突っ込んできた。食べて飲まないと体に悪いと身振り手振りで教えてくれる。そしてボトルを空にした我々は、固い握手とハグを繰り返した後、それぞれの寝台車に戻って深い眠りについたのだった。

ロシア人が実は親日的であることは、私の過去の体験からもわかっていたが今回もそうだった。

冷戦終結から間もない頃にハバロフスクを訪れたとき、ホテルのバーで、ウォッカをふるまってくれた見ず知らずのアレックスという大男からこういわれたことを思い出す。

「日本という国は凄い！　ナポレオンもヒトラーもできなかったことをやったからな！」

私が首を傾げると男は続けた。

「日本は、我がロシアに勝った国だ！」

これがロシア人の歴史観なのかと驚いた。

シベリア鉄道ウラジオストク行き列車の食堂車で筆者と意気投合したロシア人(2016年)。

赤軍博物館にあるソ連軍と日本軍の死闘が再現されたジオラマ。

もちろんそれは日露戦争のことを指しているわけだが、実は、大東亜戦争末期にソ連が一方的に日ソ中立条約を破棄して侵攻してきたときも、圧倒的優勢であったはずのソ連軍が、日本軍を上回る大損害を被っていたのだ。

大東亜戦争終戦から2日後の8月17日、占守島《しゅむしゅとう》に上陸してきたソ連軍は、日本軍の戦車第11連隊の猛反撃を受け、日本軍の5倍もの3000名の戦死傷者を出している。

その他の地域でも同様だった。この日ソ戦において、ソ連軍は実は日本軍の4倍以上の約3万4000名もの戦死傷者を出していたのであった。

ハバロフスクの赤軍博物館には、戦車を伴って押し寄せるソ連軍と、その猛攻に立ち向かう日本軍将兵との激闘の様子が壁一面のジオラマになっている。ロシアにとっても対日戦はこうして大きく取り上げなければならないほどの戦いであったことがよくわかる。

ロシア人は、日露戦争、第一次世界大戦、シベリア出兵、大東亜戦争における日本の戦いぶりを知っているからこそ、我々日本人が考えている以上に日本に対し畏敬の念を抱いているのだろう。

日露で大きく異なる相手国への感情

ここに面白いデータがある。

日本の外務省が２０１６年（平成28年）に行ったロシアにおける対日調査によると、ロシア人の78％が日露が友好関係もしくはどちらかというと友好関係にあると答えており、さらに97％ものロシア人が、ロシアにとって日本との友好関係は重要もしくはどちらかというと重要と答えている。

ところが日本人の対露感情は、これとは大きく異なっている。

やはり大東亜戦争末期の日ソ中立条約破棄に関わる諸々の蛮行に対する恨みや北方領土問題があるからだろう。さらには長い東西冷戦時代の共産主義の怖いイメージが対露観に負の影響を与えていることは間違いない。

ところが、国家間の軋轢や遅々として進まぬ領土交渉の現状はともかく、ロシア人からは、日本が、戦後の焼

いまではウラジオストクの軍港は一般開放され観光地となっている。

軍港に建つアレクサンドル・ソルジェニーツィンの銅像。

け野原からあっという間にアメリカに次ぐ世界第2位の経済大国に上り詰めたことに対する畏敬の念や憧れの言葉を耳にすることが多い。いずれにせよロシアは国家レベルと国民レベルでは対日観が相当違うと感じることが少なくない。

シベリア鉄道の終着駅ウラジオストクは、ハバロフスクと同じく北京条約で清から沿海州地域を獲得したロシアによって拓かれた港町だ。ロシア語で〝東方の支配〟を意味する「ウラジオストク」と名付けられてその後、軍港として発展した。そのためかつて米ソ冷戦期には外国人の立ち入りが厳しく規制されていた。ところがいまでは世界各地から観光客が訪れる極東ロシアの一大観光地となっている。

海抜214メートルの「鷲の巣展望台」からロシア海軍艦艇が停泊する金角湾を一望できることに、私は驚きとある種の戸惑いを覚えた。

というのも、あれほど秘匿されてきたウラジオストクの軍港が丸見えだったからだ。停泊中の軍艦が見える。手の届きそうなところにスラヴァ級ミサイル巡洋艦が停泊しており、その横にもロシア海軍の戦闘艦がずらりと並んでいるではないか。

東西冷戦期のソ連の厳格な情報統制を知っているだけに、なんだか見てはいけないもの見てしまった気がしてならなかった。

時代は変わったものだ。

なるほど軍港の岸壁に、『収容所群島』の著者でノーベル文学賞作家のアレクサンドル・ソルジェニーツィンの銅像が建っていることが、そのことを何より雄弁に物語っていた。ソルジェニーツィンは、ソ連から国外追放されて亡命生活を強いられていたが、ソ連崩壊後の1994年5月に亡命先のアメリカから戻って最初に足を踏み入れたのがウラジオストクだったのだ。

ロシア海軍艦艇を目の当たりにし、ソルジェニーツィンの銅像が建つその光景に、共産主義の恐怖を脱したロシアの変化を実

軍港を守るために作られた要塞もいまは博物館として公開されている。

巡洋艦ボルタヴァの主砲が設置されたヴォロシロフスカヤ砲台。

感させられた。

その他、軍港を守るために築かれた数々の要塞も博物館として公開されており、冷戦期ではまったく考えられなかったことだ。

アレクセイエフ要塞、ウラジオストク要塞、さらに巡洋艦ボルタヴァの主砲3連装305ミリ砲2基が設置されたルースキー島のヴォロシロフスカヤ砲台など、港を守る軍の要塞がいまや観光名所として公開されている。これらの要塞を訪れてみると、あらためてウラジオストク軍港がいかに重要な港であったかがよくわかる。

いずれにせよ1860年にロシアがこの地に進出して以来、堅固な要塞に守られたウラジオストク軍港は、東西冷戦が終わるまで、まさしく日本に突き付けられた匕首《あいくち》のような存在であり続けた。

明治開国以降、日本はこのロシアの動きを警戒し、そしてその脅威に備えてきた。つまりウラジオストクの存在が、良くも悪くも日本の近現代史に大きな影響を与えてきたのである。

街中に〝ニッポン〟が溢れている

そしていま、そんなウラジオストクには〝ニッポン〟が溢

ウラジオストクで見かけたインスタントコーヒーの広告。名前が「BUSHIDO」。

れている。

たとえば自動車の多くが中古の日本車だ。極寒の冬期を考えれば、故障は命取りになりかねないから、信頼性の高い日本車が大人気だという。

実はこうした自動車や電気製品の高い信頼性がロシア人の対日感情に大きな影響を与えているのだ。

街を歩いていると、インスタントコーヒーの広告が描かれたトラックのコンテナが目に飛び込んできた。よく見ると、そのコーヒーの名称は「BUSHIDO」、漢字でも「武士道」と書かれている。さらにそこには日本刀を抜かんとする真っ黒い着物を着たサムライの姿が描かれていた。私は思わず「どう関係あるの？」とツッコミを入れたくなった。

そしてウラジオストクの空港には日本の自動販売機が設置され、中身も日本の缶ジュースだった。さらに、着物姿の日本女性が描かれたお店は日本製品専門店らしく、石鹸や化粧品などが売られている。

こうしたことにもロシア人の対日感情が表れているような気がする。

1924～35年のソ連海軍の軍艦旗は“裏旭日旗”だった。

驚いたのはソ連海軍旗だった。1924年から35年までのソ連海軍は、日本の旭日旗の色違いのいわば〝裏旭日旗〟とでもいうべきものだった。

思えば、シベリア出兵のとき、陸海軍将兵は旭日旗を先頭にこのウラジオストクに上陸し、白ロシア軍、米軍、英軍兵士らとスヴェトランスカヤ通りを堂々と行進している。

そんな時代に思いを馳せて通りを眺めていると、感慨もひとしおだ。

日本海に口を開けたウラジオストク軍港を見つめながら思う。この海の向こうは日本なのだと。

海に面した岩場に日章旗を掲げ、靖國神社から賜った御神酒を海に注いでこの地に斃《たお》れた先人たちに感謝と哀悼の誠を捧げたのだった。

日本に最も近いヨーロッパとなるウラジオストクは、日本にとってヨーロッパの玄関口であり続けた。

だからこそ日本とヨーロッパを結ぶ数々の物語も生まれた。

ポーランド孤児救出とユダヤ人救出という、日本が世界に誇る人道支援の拠点がこのウラジオストクだったのだ。

詳細は第4章に記したが、ロシア革命でシベリア在住のポーランド人が苦しい生活を強いられていたとき、日本政府が765名のポーランドの孤児たちを救援し、ウラジオストクから陸軍の船で敦賀に送り届けた。

そしてその20年後、今度は同じルートで多くのユダヤ人の命を救ったのである。

1940年7月、ナチスドイツの迫害から逃れるためにリトアニアの日本領事館に通過ビザを求めてやってきた多くのユダヤ人に対し、外交官の杉原千畝が彼らにビザを発給して、結果としておよそ6000人のユダヤ人の命が救われたのだった。彼らはシベリア鉄道でウラジオストクに辿り着き、そこから船で敦賀に脱出したのである。

このように、かつて我々の先人たちがウラジオストクから多くの尊い命を救ったことを忘れてはならない。

そんな誇りある日本の近現代史に思いを馳せながら是非ともウラジオストクの港を眺めていただきたいものである。

＊1　革命側の「赤軍」に対抗した反革命勢力の軍隊。旧ロシア帝国軍が中心となっていた。

ウラジオストクは日本に最も近いヨーロッパだ。

第12章 台湾
世界一の親日国がいまも大切にする日本精神《リップンチェンシン》

日本語で短歌を詠む「台湾歌壇」

「日本人よ、胸を張りなさい！」

台湾を訪れる日本人にいつもそういって激励してくれていた蔡焜燦《さいこんさん》氏が２０１７年（平成29年）７月17日に90歳で逝去された。

心から日本を愛し、そしてどんなときも日本人を励まし続け、自らを〝愛日家〟と称していた蔡焜燦氏の訃報は、瞬く間に日本列島を駆け巡り、多くの人々が悲しみにくれたのだった。

蔡さんを〝台湾のオヤジ〟と呼び、蔡さんから〝日本の息子〟と呼ばれた私の悲しみは言葉にならないほど深いものがあった。

紅毛港保安堂には「38にっぽんぐんかん」が祀られている。日本の軍艦が神様なのだ。

司馬遼太郎氏の『街道をゆく40 台湾紀行』（朝日文庫）に、司馬氏の道案内役として登場し、〝老台北《ラオタイペイ》〟と呼ばれた蔡焜燦氏は、輝かしい日本の近現代史の真実と、封印された日本─台湾の感動秘話の伝道師だった。

そしてその著書『台湾人と日本精神《リップンチェンシン》』（小学館）でも、蔡氏は台湾がなぜ世界一の親日国家なのかをその実体験をもとに綴っており、いまや台湾を知るための〝バイブル〟となっている。

日清戦争後の下関講和条約（１８９５年）で清国から日本に割譲された台湾は、その後１９４５年までの半世紀、日本による統治を受けたことで世界一の親日国家になったのである。

蔡焜燦氏はこう述べている。

《台北の鉄筋コンクリート製下水道施設

などは、東京市（当時）よりも早く整備され、劣悪な衛生状態を改善することによって伝染病が一掃された。そして、あらゆる身分の人が教育を受けられるよう、貧しい家庭には金を与えてまで就学が奨励された事実を忘れてはならない。

戦後、台湾経済がこれほどまでに成長した秘密は、日本統治時代に整備された産業基盤と教育にあるといっても過言ではない。同様に、台湾の近代史はこうした日本統治時代を抜きに語ることはできないのである。》（『台湾人と日本精神』小学館）

台湾では、街を歩けば、お年寄りから流暢な日本語で声を掛けられ、日本統治時代の懐かしい思い出話などを聞かせてもらえることもある。

こうした年配者のことを台湾では〝日本語族〟と呼び、日常会話でも日本語を使う人は少なくない。しかも日本語族の中には、日本の短歌を詠む「台湾歌壇」という同好会を作って日本統治時代を懐かしんでいる人々もいる。

いまならまだ台湾各地でこうした日本語族の人々と出会うことができるだろう。

そんな〝台湾の中のニッポン〟は数え上げれば枚挙にいとまがない。建造物もそうだ。

いまも開かれている台湾歌壇の会合。最近は若者も参加している。

重厚な西洋風の建物はほとんどが日本統治時代のもの。

台湾総督府はいまも「総統府」として使われ、台湾政治の中心だ。

台南駅。1936年（昭和11年）に完成した駅舎はいまも現役。

1928年（昭和3年）創業の「林田桶店」（台北）はいまも桶を製造している。

国立台湾博物館は1908年（明治41年）に台湾総督府博物館として建てられた。

台湾の街には日本統治時代の建物がいたるところに残されており、しかも、現在でも立派に使われているから感動する。

その代表として、かつて台湾統治の中心であった赤レンガ造りの瀟洒《しょうしゃ》な台湾総督府の建物がいまも総統府の庁舎として使われているほか、この周辺の立派な洋風建築物の多くは日本統治時代に建てられたものなのだ。

ほかにも、日本統治時代の駅舎がそのまま使われていたり、また日本ではもはや見かけなくなった桶屋まであったりするから面白い。

まさしく台湾の町は〝日本建築博物館〟といってもよいだろう。

台北の総統府近くの二二八和平公園にあるギリシャ風の国立台湾博物館も１９０８年（明治41年）に建てられたもので、当時の日本の建築技術の高さをいまに伝える建物の一つだ。

実はこの博物館には、第４代台湾総督の児玉源太郎と民政長官・後藤新平の立派な銅像が展示されている。このことからも台湾の人々が日本統治時代をどのように評価しているかがおわかりいただけよう。

東京よりも早く下水道を整備

日本による半世紀におよぶ台湾統治の中でも、とりわけ児玉総督と後藤民政長官の時代

（1898年―1906年）に台湾の近代化が進んだ。後藤新平を民政長官に抜擢した児玉総督の人選は大当たりだった。

現地の実態を把握し、実状を調査してから統治を行うべきものと考えていた後藤長官は、着任するや臨時土地調査局を設置し、台湾全土の土地を調査すると同時に、戸籍調査などを次々と実施していった。こうした調査に基づいて、台湾社会に適合した法規や新制度を導入していったのだ。その結果、劣悪だった治安も改善され、夜戸締りをしなくても安心して眠れる社会が実現したのである。

また清朝の時代から続く台湾人のアヘン吸飲の悪習をなくすために、常習者に限ってアヘンの吸飲を認める一方、取り締まりを徹底して中毒患者を自然減させることにも成功した。

さらに医師でもある後藤長官は、当時まだ瘴気《しょうき》の島（病気を引き起こす毒気の漂う島）として恐れられていた台湾から、マラリアをはじめあらゆる伝染病を駆逐していった。そして内地から多くの医師を呼び寄せて台湾各地で住民の衛生指導にあたらせ、加えて、各地に病院・医療機関を設置するなど、医療衛生環境の大掛りな整備を行ったのである。当時、首都・東京よりも早く台北に下水道が整備されたことも、こうした衛生環境整備の一環であり、これによって住民の平均寿命が伸びることにもなったという。

日本ではほとんど知られていないが、ゆえに後藤新平は「台湾近代化の父」として台湾でいまも語り継がれているのである。

もっとも当時の日本は、台湾の近代化のために莫大な予算を捻出しており、この点からも、日本の台湾統治は、欧州諸国の植民地統治とは大きく異なっていた。

児玉・後藤コンビは、内地からの開拓予算をもって、道路、鉄道、港湾の建設などインフラ整備を積極的に推し進め、さらに学校をつくって教育の普及に努めた。いうまでもないが、これらの事業は、医療体制確立による衛生環境の向上と共に、後の台湾の発展と繁栄の礎となっている。

さらに後藤長官は、産業基盤整備を進める一方で、日本屈指の農学者・新渡戸稲造を招いて、台湾に製糖業を殖産した。新渡戸は、サトウキビの品種改良などに全力を傾け、台湾を世界有数の砂糖生産地に変えていったのである。

こうした日本人の偉業は、いまも高く評価されており、１９９９年（平成11年）には台南で、「後藤新平・新渡戸稲造事蹟国際研討会」（国際シンポジウム）が開催され、彼らがいかに台湾の近代化に貢献したかが日台両国の学者らによって話し合われたのだった。

このシンポジウムには、日本から後藤新平と新渡戸稲造の孫が招かれ、日本統治時代の施政やインフラ整備、そして日本教育を称える声が相次いだ。

その場に居合わせた私は、日本人として誇りを感じた次第である。

後藤新平と新渡戸稲造の業績を称えるシンポジウム（1999年）。

西郷隆盛の息子・菊次郎の偉業

そんなインフラ整備の中でも最も有名なのが「烏山頭《うさんとう》ダム」だろう。

これは、土木技師・八田與一《はったよいち》が1920年（大正9年）から10年の月日をかけて台南に完成させた当時東洋一の規模を誇るダムで、その壮大な治水灌漑事業によって、それまで不毛の大地であった嘉南平野を、〝台湾の食糧庫〟と呼ばれるほど豊かな穀倉地帯へと変貌させたのである。

烏山頭ダムは完成当時、東洋一の規模だった。

復元された八田與一邸。銅像は夫人と子供。

八田與一にちなんでつけられた八田路。

八田與一の銅像。

このことから、八田與一はいまも「台湾農業の父」として慕われており、ダムのほとりには八田與一の銅像と八田夫妻の墓標が建ち、毎年5月8日の八田の命日には、八田夫妻の墓前で慰霊祭が執り行われているのだ。

そんな日台友好のシンボルともいえる烏山頭ダムは観光地として整備され、２０１１年（平成23年）には「八田與一記念公園」が開園し、八田與一が暮らした家などが復元されて見学できるようになっている。

実は、八田與一の他にも台湾の治水灌漑に取り組んだ偉人がいる。

西郷菊次郎――西郷隆盛の息子である。

西郷菊次郎は、児玉総督時代の１８９７年（明治30年）5月から１９０２年（明治35年）12月まで台湾東部の宜蘭《ぎらん》庁長を務め、公共衛生と医療機構の確立、学校の設立、そしてインフラ整備を積極的に行った。

なかでも宜蘭河堤防の整備は人々からいたく感謝され、その偉業は称えられている。

かつて宜蘭河は、毎年の豪雨で氾濫し、人々は水害に苦しんできた。そこで西郷菊次郎は、大規模な堤防を建設することを決め、１９２３年（大正12年）にこの堤防は完成した。それ以後、人々は水害から守られてきたのである。

私が台湾取材を始めた頃、老台北・蔡焜燦氏は西郷菊次郎を絶賛し、「ぜひ西郷さんがつくった〝西郷堤《さいごうつづみ》〟を見に行っておいで」と何度も勧めてくれたことを思い出す。

いまでもこの堤防の上には「西郷庁憲徳政碑」なる立派な顕彰碑が建ち、その偉業を現代に語り継いでいる。さらにその近くには宜蘭庁長の官舎が見事に復元され「宜蘭設治紀念館」として一般開放する力の入れようだ。

さて、蔡さんをはじめ日本統治時代を経験した年配者がなによりも高く評価するのが日本時代の教育、いわゆる〝日本教育〟である。

日本統治時代には、数学や化学といった一般の学科だけでなく、道徳、勤勉、遵法精神、時間厳守などが教育されて、これが台湾人に称賛されているのだ。

このことについて蔡焜燦氏はこう話している。

「台湾では、いまでも〝日本精神《リップンチェンシン》〟という言葉が、『勤勉で正直で約束を守る』という誉め言葉として使われておりますが、それはまさしく日本統治時代の教育の成果です」

事実、清国から割譲された台湾の統治にあたり日本政府は、あらゆる人が教育を受けられるよう全力で取り組んだ。そもそも、統治する国や地域に学校を建てて地元民に教育を施し、さらに医療施設を整えるなど、欧米列強諸国には思いもよらないことだろう。

だが日本は違った。

台湾領有後、日本政府はただちに文

西郷菊次郎の偉業を称える「西郷庁憲徳政碑」。

“老台北”こと故・蔡焜燦さん。

部省の伊沢修二と7人の優秀な教師を派遣し、士林《しりん》の芝山巌《しざんがん》に学堂を開設した。ところがお正月の行事に出席しようとした6人の日本人教師が暴徒に襲われて惨殺されてしまったのである。この痛ましい事件で亡くなった殉職教師らは「六氏《ろくし》先生《せんせい》」と呼ばれ、そこに芝山巌神社も建てられたのだった。

六氏先生の墓。

学務官僚遭難之碑。揮毫は伊藤博文による。

現在の芝山公園には、六氏先生の墓標と伊藤博文の揮毫による「学務官僚遭難之碑」が建立されており、かつて神社の本殿があった場所には雨農閲覧室が建てられている。この建屋の中には芝山巌事件の展示もあり、しかも机と椅子が置かれ地元の子供たちがここを自習室として使っているのだ。その風景を見たとき、かつて〝芝山巌精神〟と称えられた六氏先生の思いがこの地にしっかりと受け継がれていることを確認した。

とりわけ日本政府は、台湾における教育制度の確立と教育水準の向上に全力を傾けた。1928年（昭和3年）、台北帝国大学が建てられたが、これは、東京帝大、京都帝大、東北帝大などに続く全国7番目の帝国大学であり、大阪帝大や名古屋帝大より早かった。このことからも当時の日本政府が台湾における教育をいかに重要視していたかがわかる。だからこそ台湾では〝日本統治時代の教育〟への評価がすこぶる高く、当時を知る年配者はそのことを絶賛するのだ。

教師が愛情と情熱をもって子供たちを教え導いたこと。人としての道徳を教えたこと。お金がない家の子には、教師が自分の給与から授業料を出してやって学ぶ機会を与えたこと……。台湾の人々の口から飛び出す日本統治時代の教育に対する称賛と感謝の声は数え上げれば枚挙にいとまがない。

余談となるが、台湾の学校の卒業式には、いまでも「仰げば尊し」が歌われるのだから、日本統治時代の教育の影響の大きさがよくわかる。

とにかく台湾では、日本統治時代の学校にまつわる感動のエピソードをあちこちで耳にするが、中でも1931年（昭和6年）に甲子園出場を果たし準優勝した嘉義《かぎ》農林学校は有名だ。

映画『KANO　1931海の向こうの甲子園』の舞台となった台湾中南部の嘉義農林学校の甲子園出場の偉業は、現在、国立嘉義大学に受け継がれ、大学の敷地内に、「天下の嘉農」と日本語で書かれた大きな野球のボールや甲子園での健闘を称えるモニュメントが建立されている。

日本軍人は神様として祀られている

世界一の親日国家「台湾」には、いたるところに日本人の度肝を抜く名所がある。

日本軍人や警察官、さらには日本の軍艦などが神様として祀られる御堂や廟がいくつもあるのだ。

台南の「飛虎《ひこ》将軍廟」には、１９４４年（昭和19年）10月の台湾沖航空戦で壮烈な戦死を遂げた日本海軍の戦闘機パイロット・杉浦茂峰兵曹長が祭神「飛虎《ひこ》将軍」として祀られている。この廟では、日本国国歌『君が代』や軍歌『海行かば』が歌われているから感動で涙を流す日本人も多い。

鎮安堂・飛虎将軍廟。

零戦パイロット・杉浦茂峰兵曹長。

飛虎将軍廟の御神体・杉浦茂峰兵曹長。左右の御神体も日本軍人だという。

そして台湾南部の屏東《へいとう》県にある「東龍宮」には海軍少将・田中綱常が御祭神「田中大元帥」として祀られている。

それだけではない。なんとこの廟には、田中少将の他に第3代台湾総督を務めた乃木希典陸軍大将が「大将軍」として、さらに、中山、良山、北川という名前の日本人が「神将」なる呼称で祀られているのだ。

しかもこの廟に取り付けられた大きなスピーカーからは、『軍艦マーチ』（行進曲『軍艦』）など日本の軍歌が大音量で流されてるのだから恐れ入る。いやはやここまでやってくれるとは……感謝感激である。

御祭神の「田中大元帥」。

田中綱常少将が祀られている「東龍宮」。

ちなみにこの田中大元帥こと田中綱常少将は、台湾総督府民生局事務官や台北県知事を務めているが、軍艦「比叡」の艦長時代に、和歌山沖で遭難し救助されたトルコの軍艦「エルトゥールル号」の乗員を「比叡」に乗せてトルコまで送り届け、トルコ皇帝から勲章を授与（1895年

紅毛港保安堂。

保安堂の提灯にはこれでもかと軍艦旗が。

（明治28年））されているのだ。廟にはその時の証書も展示されている。

日本ではほとんど知られていない田中綱常少将だが、こうして台湾で神として崇拝されているのだからありがたい。と同時に、戦後の日本の歴史教育のあり方をあらためて考えさせられる。

御祭神は軍人だけではない。

なんと日本の軍艦が祭神となっている驚くべき廟もある。台湾南部に位置する高雄の「紅毛港保安堂」には、日本の軍艦が祀られているのだ。

その艦名は、「神艦　38にっぽんぐんかん」。終戦直後に地元の漁師が網にかかった頭蓋骨を慰霊したところ大漁が続いて、1953年（昭和28年）に保安堂が建てられた。すると頭蓋骨がその漁師の夢に現れ、日本海軍の38号哨戒艇の艦長を名乗ったという。そこで地元の漁師らが、魂が日本に帰れるようにとその38号哨戒艇の模型を作って奉納したのだった。

きらびやかな廟の奥には「海府大元帥」なる艦長の御神体がある。そして軍艦旗（旭日旗）とともに鎮座する「神艦　38にっぽんぐんかん」には仰天だ。もっとも、この船は往時の日本海軍艦艇とは異なりミサイルなども搭載されているが、そこはご愛敬。そんなことよりも、こうした日本の軍艦を祀ってくれているその気持ちがありがたい。

加えてこの廟には、あちこちに軍艦旗が掲げられている。

廟の前の国旗掲揚台には軍艦旗が掲げられ、吊るされている提灯にも、「これでもか！」というほど軍艦旗が描かれているのだ。

台湾では、中国や韓国のような日本軍や日本軍人に対する異常な拒否反応はない。逆に、日本軍人の武勇や規律正しい振る舞いなどが高く評価され、称賛する声をよく耳にする。

だからこそ先に紹介した飛虎将軍廟や東龍宮、そして紅毛港保安堂などが台湾の人々によって大事に守られているのである。

台湾東部にもあった。

太平洋に面した花蓮には特

特攻隊員が最後の夜を過ごした松園別館。

松園別館に展示されている台湾人特攻隊員の劉志宏氏の写真。

いまもその姿を残す桃園神社。現在は桃園忠烈祠。

台東に再建された鹿野神社。

攻隊員が最後の夜を過ごしたという松園別館の旧兵事部の建物や防空壕などがきれいに整備されて公開されている。

その防空壕の内部には、特攻隊に関する写真や資料が展示されており、航空特攻の生みの親ともいわれる大西滝次郎中将の写真もあった。

そして1944年（昭和19年）12月14日にフィリピン方面で戦死した台湾人唯一の陸軍特攻隊員・劉志宏氏（日本名・泉川正宏）の写真も掲げられ、その履歴の最後には「1960年　入祀靖國神社」と記されていた。戦死した16年後に靖國神社に祀られたことで履歴が終わっているのだ。台湾人の靖國神社に対する思いが伝わってくる。

驚くなかれ、台湾には「神社」も残されている。桃園《とうえん》の桃園忠烈祠はかつての「桃園神社」であり、建物は当時のもので一見の価値がある。

その他にも、近年再建された神社もある。2015年（平成27年）、台東に「鹿野神社」が当時と同じ場所に再建されたのだった。

さらに台湾南部には日本統治時代の警察官が御祭神として祀られ、地元の人々から崇敬されている廟もあるので紹介しておこう。

台湾中南部嘉義近郊の東石郷副瀬村にある「富安宮」には、地元の人々から尊敬され、貧しい村人への減税を嘆願した後に自決した巡査・森川清治郎が「義愛公」として祀られている。この富安宮には森川巡査が、寺子屋で村人に日本語を教え、村人のために尽くした生涯がレリーフとして設置されており、その偉業をいまに伝えているのである。

＊　＊

現在、日本と台湾には国交がない。1972年（昭和47年）の日中国交正常化にともなう苦渋の政治決断によるものだ。だがそれでも台湾の人々は、かつての日本統治時代を高く評価し、そして日本への熱い思いを抱き親しみを感じてくれている。

国交はなくとも心の交流がある。

だから台湾では〝外国〟を感じない、というより台湾ほど〝日本〟を感じる国はない。

世界一の親日国家・台湾――他のいかなる国よりも思いがけない出会いと感動の多い国である。カメラで写すことのできないその感動を、どうぞ心に刻んでいただきたい。

台湾は〝心〟で旅する国なのだ。

参考文献

●『台湾人と日本精神』蔡焜燦（小学館）
●『街道をゆく 40 台湾紀行』司馬遼太郎（朝日文庫）
●『世界に生きる日本の心』名越二荒之助（展転社）
●『世界に開かれた昭和の戦争記念館』（第1巻〜5巻）名越二荒之助編著（展転社）
●『日露戦争百年』遊就館（靖國神社）
●『祖国と青年』平成27年9月号（日本協議会・日本青年協議会）
●『ロシアとはどういう国か？』時空旅人別冊（三栄書房）
●『日本海軍地中海遠征記』片岡覚太郎著、C・W・ニコル編・解説（河出書房新社）
●『特務艦隊』C・W・ニコル著、村上博基訳（文藝春秋）
●『歴史群像』No.36 森山康平「帝国海軍地中海遠征記」（学習研究社）
●『世界から見た大東亜戦争』名越二荒之助編著（展転社）
●『アジアに生きる大東亜戦争』ASEANセンター編（展転社）
●『日本・ポーランド関係史』エヴァ・パワシュ＝ルトコフスカ著、アンジェイ・タデウシュ・ロメル著、柴理子訳（彩流社）

●『善意の架け橋～ポーランド魂とやまと心』兵藤長雄（文藝春秋）
●『歴史街道』２０１４年３月号「シベリアからの軌跡の救出劇　ポーランド孤児を救え！」（ＰＨＰ研究所）
●『阿字門叢書３　欧亜の架け橋～敦賀～』（涛声学舎）
●『ポーランド電撃戦』（学習研究会）
●『史実が語る日本の魂』名越二荒之助（モラロジー研究所）
●『日本人だけが知らない　世界から絶賛される日本人』黄文雄（徳間書店）
●『教科書が教えない歴史』藤岡信勝、自由主義史観研究会（産経新聞ニュースサービス）
●外務省ホームページ「わかる！国際情勢」
他、公開情報

井上和彦（いのうえ・かずひこ）
ジャーナリスト。1963年（昭和38年）滋賀県生れ。法政大学卒。専門は軍事・安全保障・外交問題・近現代史。各種バラエティー番組やニュース番組のコメンテーターも務める。“軍事漫談家”の異名を持つ。産経新聞「正論」執筆メンバー。フジサンケイグループ第17回「正論新風賞」受賞。『自衛隊さん　ありがとう』（双葉社）、『日本が戦ってくれて感謝しています』（産経新聞出版）、『撃墜王は生きている!』（小学館文庫）、『東京裁判をゼロからやり直す』（小学館新書）など著書多数。

親日を巡る旅
世界で見つけた「日本よ、ありがとう」

2019年8月4日　初版第1刷発行

著　者　井上和彦
発行者　鈴木崇司
発行所　株式会社小学館
〒101-8001　東京都千代田区一ツ橋2-3-1
電話　編集03-3230-5801
販売03-5281-3555
印刷所　大日本印刷株式会社
製本所　株式会社 若林製本工場

　ISBN 978-4-09-389784-6